吉岡憲章

定年《ていねん》博士《はくし》

生涯現役、挑戦を
あきらめない生き方

きずな出版

はじめに
70歳からのチャレンジで、博士号を取得する!

平成時代の最後の年、平成31年3月に、私は、経営情報学博士号をいただくことができました。そのとき私は、77歳。まさに喜寿での博士号の取得ということになります。

わが国の博士号取得者の中でも、十指に入るほどの高齢取得者でしょう。

私が博士号を授与されたことを知った周囲の方々から、お祝いのお言葉とともに寄せられたのは、主に次のような質問でした。

・なぜ高齢者といわれる年齢になり博士号取得に挑戦しようと思ったのか
・博士号を取るためにどのような努力が必要だったのか

・どのような点が博士号にふさわしいと判断されたのか
・博士号を取得して何が変わったのか

さらに、中高年のビジネスパーソンや中小企業経営者からは、「自分たちがこの先の人生を、どのようにして、より有意義なものにすればよいかアドバイスが欲しい」との要望も多くありました。

思い返しますと、60歳を迎えるあたりから、経営コンサルタントとして、もう一段高みを目指すことに挑戦したいと考えるようになったのです。自分の人生で、オンリーワンといわれるような、独特な「経営再生手法」をつくり上げたい。そのためにも、経営大学院に入って、論理的に究明する勉強をしよう。そう決心しました。

ところが、そう思ったのも束《つか》の間、好事魔多しということでしょうか、私には厳しい試練が待ち受けていました。

まず、私が役員として指導していた上場会社の倒産に直面したのです。

社員のためにも、債権者のためにも、何とかしなければならないとの思いで、再建の陣頭に立って指揮を執《と》り、再生をさせることができました。前例のほとんどない法的再建事例でしたので、裁判官からは「奇跡的な再建」といわれました。

このときの修羅場《しゅらば》の経験は、その後の私の経営コンサルタント事業のスキルアップに大いに役立ってくれました。

しかし、この再生活動とその衝撃から立ち直るのに、5年もの時を費《つい》やさざるを得ませんでした。

そして、それからようやく解放された矢先、私は病魔に侵《おか》されます。

病名は前立腺がんでした。がん宣告を受けた誰もが思うように、「なぜ自分が、がんになってしまったのか……」と悔しさでいっぱいになりました。

手術の前に、「もしかしたら、もう生還できないかもしれない」と考え、遺言状まで書きました。当時、治療に採用されたばかりの最先端の手術を受けることができましたが、あとは〝まな板の鯉〟になるほかありません。でも無事に、生き延びることができました。

こうした思いがけないアクシデントのために、念願の大学院に入学できたときには、すでに70歳になっていました。

「ひらめいた　その瞬間に　みな忘れ」という川柳《せんりゅう》があるのですが、その言葉通り、ついさっき何を言ったかさえ忘れてしまうことがたび重なるような年齢です。

それでも大学院に通い、喜寿にして、ついに経営学博士（Ph.D.）をいただくことができました。

大学院に入って博士号を取得するまでには、6年かかりました。この間、「もうダメだ、もう投げ出そう！」と思ったことは一度や二度ではありませんでした。

でも、それを乗り越えることができたのは、妻の存在が、言葉に表せないほど大きかったと思います。

博士論文への挑戦だけではなく、大企業を退職して独立するときも、前述の上場企業が破綻《はたん》して自分の財産をなげうってまで再建に没頭したときも、すべて私は、自分で決断し行動してきましたが、そのつど、嫌な顔ひとつせずに妻は認めてくれたのです。

また、私は「ほめられて伸びるタイプ」ですが（笑）、それを見抜いて、妻はいつでも私をほめてくれます。実際は、それによって尻を叩《たた》かれているのですが、すべては、そのおかげです。

そうして思うと、今回の博士号は私と妻の二人で取得したものである、といえます。

改めて、経営学博士の学位記を眺《なが》めるとき、苦しかったこと、嬉しかったことなど、さまざまな思いが駆《か》けめぐります。

一般的には仕事の上では卒業するような年齢でも、

「これからが自分の青年期ならぬ盛年期が始まる」

との思いでトコトンやれば、夢を現実として掌中《しょうちゅう》に納めることができる。

いま、その確信を得ることもできました。

私の体験や思いを、一人でも多くの方にお伝えすることが、これまでご支援をいただいた多くの方々へのせめてものご恩返しと考え、この本を書いていこうと思います。

これまでの長いあいだ、経営コンサルタントや企業の実経営を通して、それなりの評価をいただきましたが、失敗もありました。でも、その失敗があったからこそ、まだまだ終わりたくない気持ちも強かったと思います。

70歳であれば、定年を迎えてもいい年です。実際に、定年を迎えられた人も多いでしょう。けれども、人生は１００年時代を迎えているといいます。

「一度きりの人生、もう一度チャレンジしたい！」

私は、この思いを抑えきれませんでした。

多くの失敗を繰り返しながらも、どのようにして博士号を取得することができたのか、というような疑問にお答えできるように、本文を進めてまいりたいと思います。

中高年のビジネスパーソンや中小企業の経営者の皆様が、人生後半にもう一つの宝物を取ることに挑戦する気持ちを抱き、充実した人生設計を立てるために少しでもお役に立てることができれば、ありがたいと思います。

【目次】

第2章 博士号取得、この挑戦は無謀なのか

ハードルを乗り越えていこう

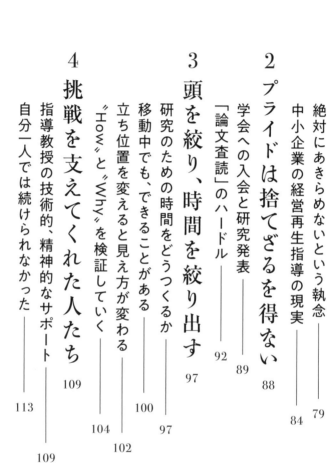

第3章 定年博士、どう貢献していくか

挑戦の結実を果たす！

第4章 これからの人生、自分に何ができるか

まだまだ挑戦は終わらない

第1章

定年後の人生、これで終わっていいのか

70歳で博士号取得を決意する!

平成の時代のわが国は戦争こそありませんでしたが、東日本大震災をはじめとして日本列島が大きな天災に見舞われた年代でした。さらに、バブル崩壊、リーマンショックなどの経済的な襲撃も受けました。

令和の時代となりましたが、どのような試練が私たちを待ち受けているのでしょうか。解決しなければならない社会的課題として、この先に〝2025年問題〟が待ち受けています。団塊《だんかい》の世代といわれる800万人を超える人たちが揃って後期高齢者である75歳を超えることにより、介護や医療費などの社会保障費が急増してしまう問題のことです。

さらに、医学の進歩や健康意識の向上さらに生活環境の改善などにより、「人生100年時代」というフレーズが現実のものとなってきました。つまり、私たちがこれまで思っていたよりも、はるかに長く生きることができるということです。

そのこと自体は素晴らしいことですが、私たちはこれからの自分の人生をどう生きていくかをもう一度考え直す必要に迫られます。特に、後期高齢者になる前の世代である、現在50〜60代のビジネスパーソンのあり方も大きな課題です。

まもなく来る定年後の人生は長寿化により、これまで認識していたよりもはるかに長くなります。この先の人生を単に退職金や年金を頼りにするような〝償却《しょうきゃく》の人生〟ではなく、世の中に〝付加価値を生み出す生き方〟をすることを意識したいものです。

私は長寿時代の社会的な大きな課題は、「それぞれの生き方に対する挑戦」ではないかと思っています。

1 自分の仕事人生を見直す

定年後の人生をどう生きるか

「人間五十年　下天《げてん》の内をくらぶれば　夢幻《ゆめまぼろし》のごとくなり。

「一度生《ひとたびしょう》を得て滅《めっ》せぬ者のあるべきか」

おなじみの織田信長が好んだ幸若舞《こうわかまい》（曲舞《くせまい》）「敦盛《あつもり》」の一節です。

人間の命の儚《はかな》さを謡《うた》ったといわれています。もしかしたら、信長のことですから、たった50年の短い人生だからこそ命をかけて思いきってやる！　と思ったのかもしれません。

いまの世の戦士であるビジネスパーソンの50代の多くは、まさに信長と同じように、これまで命がけでがんばり、多くの経験を積み上げ、現在、実力を発揮しているのではないでしょうか。

ただ、金融パーソンにとっては、この50歳はその後の会社員人生を決める岐路《きろ》だと聞きます。その後の定年までをいわゆる選ばれたキャリアルートを進むのか、あるいは関係先への出向というような道を辿《たど》るのかの分かれ目なのでしょうか。

しかし、一般的には50代も後半に入りますと、ほとんどの会社員は「定年」という言葉がチラチラと頭をよぎるようです（〝ようです〟という、あいまいな表現をせざるを得ないのは、私自身が定年という制度を経験したことがないからで、知人や友人から聞いた知識に過ぎないからです）。

やがて、定年後には「これまで一生懸命がんばってきた自分に対するご褒美《ほうび》」の意味を含めて、ゆったりとしたマイペースな人生を送れるようになることを頭の中に描く方もいるのではないでしょうか。

多くのビジネスパーソンが通るこのような年代を、青年時代ならぬ「定年時代」と呼んでみたいと思います。

人生１００年時代の働き方改革

さて、最近「人生１００年時代」という言葉が本やテレビなどで目につくようになってきました。そのきっかけの一つに、２０１７年９月に政府が「人生１００年時代構想会議」を設置したことがあります。少し硬い内容になりますが、その中心となっている政策が「人づくり革命」です。幼児教育の無償化、高等教育の無償化、大学改革、リカレント教育そして高齢者雇用の促進の５施策を柱としています。

必要に応じて、教育機関で再教育を受けられるシステムを「リカレント教育」といいます。たとえば、大学や大学院が社会人向けのカリキュラムや通信教育で資格や技能を取得する講座の提供などがあります。この政策は定年時代にとってはとても利用価値のあるものです。

このような環境の中で、企業は人手不足の対応として定年時代であるシニア世代の活用に前向きになっている傾向があります。

ＫＤＤＩ総合研究所が、「人生１００年時代の働き方戦略　充実して働き続けるために今わたしたちがすべきこと」という報告書を２０１８年６月に発刊しています。

その中で興味深い分析資料があります。

定年まで大企業に勤務し、現在セカンドキャリアで働いているシニア世代の人が、転職時に役立ったと感じているスキルの調査です。

特に、「管理職としてのマネジメント経験・実績」：43・5％、「専門分野の技術の業務経験・実績」：35・0％、そして「社内外の人脈、ネットワーク構築」：27・8％が役立つ3

大スキルとなっていることが注目されます。

前述の政府の「人づくり革命」とあわせて考えますと、定年時代に、自分の持つマネジメントや専門スキル、人脈などをさらに磨き充実しておくことが、定年を前にして重要なことなのだ、ということを改めて認識できます。

2 学び直しの決意

もっと自分を役立てられないか

私の仕事は中小企業の経営再生・成長を指導する経営コンサルタントです。詳細については後述しますので、この項では概略を説明します。

いまから40年以上前に独立して、経営コンサルタント会社を経営しています。

一言で申し上げますと、赤字の中小企業を1年で儲かる会社に生まれ変わらせて黒字経営になるように指導するのです。独特な再生手法を用いますので、巷《ちまた》では「常識破りの再建請負人《うけおいにん》」などと呼ばれています。

これまでの長いあいだに多くの中小企業を生き返らせましたが、失敗した経験もあります。そこで、私自身および私の経営するコンサルタントオフィスの経営改革に対するレベルを向上させること、それによって、中小企業の経営にもっと役立つようにしなければならない、との焦りにも似た思いが私をせっつきます。

そこで、決心したことは「博士号を取得する」ということでした。なぜ、私の年齢になって挑戦したのか、ということは後段で具体的に述べたいと思います。

「博士号」とは、どのようなものか

昔は、〝末は博士か大臣か〟などと、子どもの出世頭のように評されたものでした。

そこで、まず「博士は何て読むのか？」と思いますよね。〝はかせ〟というのと〝はくし〟と読むのとどちらが正しいのか、なんて考えたことはありませんか？

これが絶対だという取り決めはないようですが、通常は〝はかせ〟という場合は「漢字博士」とか「動物博士」など、その分野のことをよく知っている人のことを指すようです。

一方、〝はくし〟という場合は、審査や試験に合格し、正式に学位を獲得した人のことを指すとのことです。

したがいまして、私が目標とする博士号は〝はくし号〟ということになります。それでは、あの『鉄腕アトム』に出てくるお茶の水博士はどう呼ぶべきなのでしょうかね（笑）。

そこで、まとめてみますと、博士号とは、大学院における博士課程あるいは博士後期課程を修了し、自らの研究をまとめた博士論文が審査で合格することで取得できる学位の最高位、となるでしょう。

さらに、博士号に対する国際的な認識は「人類が保有する教育機関・体系の中で与えられる学位のうち最高位のもの。世界の教育レベルを分類しているＩＳＣＥＤ（国際標準教育分類）では最高位のレベル8、欧州資格フレームワーク（ＥＱＦ）でも最高位のレベル8」とされています。

また、博士を英語で表記する場合「Ph.D.」と表されます。「Ph.D.」は「Doctor of Philosophy」の略で、直訳すると「哲学の博士」となります。

この場合の「Philosophy」は哲学という意味ではなく「高等な学問」などといった意味で使用され、博士号を表すときにのみ使われる表現です。なお、医者のことをドクターと呼びますが、この場合は「Ph.D.」ではなく、「M.D.（Medical Doctor）」という表現からドクターと呼ばれます。これは、学術研究ではなく、医師免許を持っているということを表しています。医者の中にも「Ph.D.」を改めて取得した人もいます。

また、博士号を取得するためには、前述のように大学院の博士課程を修了しているのが通常です。これを〝課程博士〟と呼びます。このようなプロセスを踏まずに博士論文を提出して審査を受ける〝論文博士〟もありますが、近年ではその数が相当減少しているようです。

さらに、経営学博士の場合は、その前に大学院修士課程を修了し経営学修士（MBA＝Master of Business Administration）を取得することが前提となります。

それでは、わが国の博士号取得者は年間どのくらいいると思いますか？

主要国との比較ができますように、人口100万人当たりの博士号取得者を国別にまとめて表にしてみました（次ページ）。

2008年、日本の博士号取得者は100万人当たり131人ですから、1万人に1・31人ということになります。国際的には最多のドイツは312人と日本の2・38倍、アメリカは223人でわが国の1・70倍であり、表中では中国を除けば、日本は最も低い状態です。

では、私が入手できた資料の直近年の2012年ではどうなっているでしょうか。ドイツは100万人当たり333人、イギリスは348人、アメリカは255人と相当増加している一方、わが国は125人と2008年に比べて95・4%と減少しているのです。

さらに、わが国の博士号取得者を分野別に見ますと、最も多くを占めているのが医学博士などの医療系分野の博士で、２０１２年では１００万人中48人と全体の38・４％です。一方、私の関係する「法経等」の博士は１００万人中８人（実数１０１１人）と極めて少ない状態です。

経営大学院を選ぶ決め手

さて、博士号を取得するためには、まず大学院に入学しなければならないことは、すでに申し上げました。そこで、どの大学院に入るかを考えなければなりません。

ヒューマンデザイン総合研究所の「ＭＢＡランキング比較一覧情報」によりま

◎人口100万人当たりの博士号取得者

国名	博士号取得者（人口100万人当たり：人）									
	年度	計	人文・芸術	法経等	理学	工学	農学	医・歯・薬・保健	教育・教員養成	その他
日本	2008	131	9	8	12	31	10	49	2	11
	2012	125	8	8	11	29	8	48	2	11
米国	2008	223	40	26	47	32	4	41	30	4
	2012	255	46	30	49	37	4	54	31	5
ドイツ	2008	312	32	47	86	31	12	95	5	3
	2012	333	34	44	104	36	12	95	5	3
フランス	2008	169	43	21	94			9	—	1
	2012	180	43	22	107			6	—	1
英国	2008	286	39	42	99	42	3	49	10	3
	2012	348	49	52	122	50	4	54	14	3
韓国	2008	202	17	38	78			46	11	12
	2013	251	29	48	103			44	15	12
中国	2008	32	—							
	2013	38	—							

文部科学省　科学技術・学術政策研究所、科学技術指標 2016、調査資料 -251、2016年8月

すと、国際的視野から日本国内のMBAをランキングした著名なものに、フランスSMBG社(1994年設立の教育機関向けコンサルティング会社)主催の「Eduniversal Worldwide Business Schools Ranking」があります。

日本国内のMBAランキングでは、五つ星取得大学は2校で、慶応義塾大学大学院経営管理研究科経営管理専攻と、早稲田大学大学院経営管理研究科ビジネススクールです。四つ星取得大学は、京都大学大学院、東京理科大学大学院など6校が続いているようです。

私が選択ポイントとして考えていたのは、ブランドではなく、経営実務家として最も重視すべき〝経営の実務に直結した論理的な研究ができる〟こと。そして非常に単純なことですが、毎日の〝超多忙な実務をこなしながら通って学べる地域にあり、時間的に現在のビジネスに支障の少ないカリキュラムである〟こと、の2点でした。

初めのうちは、私の母校である早稲田大学大学院にしようかな、と思っておりましたが、偶然ですが、自宅から徒歩7分くらいのところに多摩大学大学院があることを知りました。

多摩大学大学院のキャンパスに行ってみましたら、「超実学志向MBA」とのキャッチフレーズが目に入りました。「こりゃ～、ぴったりだ！」と瞬間的に思いました。

この超実学志向が本物かどうかを、実際に確認してみようと思い、面接に臨《のぞ》みました。

そこで、面接担当の教授に質問。

「大変失礼ですが、超実学とありますが、教授の方々は実際に企業経営をした経験がある方々ですか？　それとも研究だけの先生ですか？」

まるで、逆入学審査のようでした。

答えは、「教授陣はすべて企業の経営を経験しています」とのこと。後に入学して、その言葉に偽《いつわ》りはなく、実学的に超一流の教授の方々だ、と確認できました。

カリキュラムも、ウィークデイは18時半から、土日は終日、朝から晩まで組まれていて、私が求める講義は、金曜の夜と土日でこなせることがわかりました。

大学院のブランドが欲しい人には、前述の大学院ランキングなどが参考になるのでしょうが、むしろ、研究したい目的が明確な場合は、それに合致した大学院を選択するのがよいと思います。

大学院にかかる費用は?

さて、いよいよ具体的な話題になりますが、大学院に入るための入学金と年間の授業料はどのくらいかかるのでしょうか。

2016年4月の実績ですが、主要大学の入学金と年間授業料などを表にまとめてみました。「大学院名」については、それぞれの大学によって名称が異なりますので、基盤となる大学の名称を表示してあります。また、「その他」については、「諸会費」とか「施設設備費」とか「互助会費他」のように、大学院によって異なった名称で徴収《ちょうしゅう》する金額を合計したものです。

なお入学金は、修士入学時に一時的に支払う費用です。修士課程を修了して博士課程に進学するときには、多摩大学大学院ではどういうわけか再度、博士課程の入学金を支払いました。同じ大学院の進学なのに、また入学金を支払うのは不合理だ、と事務課にクレームを入れたのを覚えていますが、残念ながら却下されました。

私の場合ですが、多摩大学大学院の修士課程に2年、その後、博士課程に4年、合計6年間在籍しましたので、授業料は年100万円×6年＝600万円、入学金は修士過程と博士課程の2回ですので、30万円×2＝60万円、したがって、大学院で学ぶ費用は合計660万円かかったことになります。

それ以外にかかる費用としては、博士論文を取得するためには、いくつかの学会に入らなければなりませんので、その学会費が必要となります。

さらに、論文を書くためには、研究を深

◎主要大学院の初年度の入学金・授業料等（円）

大学院名		入学金	年授業料	その他	合計
私立	早稲田大学	200,000	1,460,000	3,000	1,663,000
	慶應義塾大学	60,000	2,150,000	7,600	2,217,600
	青山学院大学	290,000	435,000	196,000	921,000
	法政大学	200,000	570,000	83,000	853,000
	立教大学	225,000	633,000	56,500	914,500
	日本大学	200,000	810,000	210,000	1,280,000
	多摩大学	300,000	1,000,000	—	1,300,000
国公立大学		282,000	535,800	—	817,800

※各大学がWebサイトで公表している2019年度、2020年度の数字から作成
※対象とした学部は経営学部、及びそれに準ずるもの

めるための参考書が必要です。

参考書の範囲は経営学、統計学、心理学関係などの専門書、学術論文からビジネス本に至るまで、それこそ山ほどの書籍を欠かすことができません。

よく、学者の部屋の写真などを見ますと、本棚や机はもとより、床にまで書籍が散乱している様子が写っています。

私はこれを見たときに、「なんじゃ、これは！　頭の中も、こんなに散らばっているのだな！」なんて思っていました。しかし博士論文を書いていますと、自分の部屋も、まったく同じように、書類や資料が散乱してきました。

このように、多くの参考文献を求めて研究するため、できるだけネット書店などを使って安く購入することに努めました。

それでも、大学院に支払う費用660万円に、書籍代等を合計しますと、1000万円は超えていたと思います。

老いていく不安を解消する

中高年者が自分が老人になったときに、それぞれの年代別にどのような不安を持つか。これについて厚生労働省が調査した分析結果を次ページの表にまとめてみました。

やはり、どの年代でも「健康上の問題」が全体の3／4程度を占《し》めています。

「経済上の問題」に対する不安については、50～59歳の定年前の年代層の72・3％が不安を持っていますが、実際に老年になった70～79歳では50％を割り、減少傾向にあります。

なかでも、注目に値《あたい》する項目は「生きがいの問題」ではないでしょうか。

50代では17・9％ですが、実際に70歳を過ぎるようになりますと31・4％と、不安問題の中でも第3位を占めるように大きくなってきます。

70歳くらいになると、生きがいを見出せない人が多くなるということで、年をとっても続けられる生きがいを若いうちにつくっておく必要があるのですね。

このように見ますと、「健康」「経済」そして「生きがい」が高齢者にとって、重要な課題であると言えるのではないでしょうか。

博士論文を取得することは、相当のハードワークであると覚悟しなければなりませんでした。たぶん、大学受験はもとより、司法試験のための勉強以上の時間と気持ちの集中が必要だと思いました(実際にその通りであることを体験いたしました)。

若い頃はスポーツで鍛《きた》え、社会に出てからは数日の徹夜もいとわずこなし、体力には相当の自信を持っていました。

ところが、いざ大学院に行こうとしたところで、前立腺がんを宣告されました。

先端治療のおかげで、がんの全摘手術は

◎年代別に考える老後の不安

	50〜59歳	60〜69歳	70〜79歳
●健康上の問題	74.7%	73.6%	74.0%
●経済上の問題	72.3%	53.4%	48.4%
●住まい・生活上の問題	21.0%	12.4%	12.6%
●家族・地域とのつながりの問題	9.3%	10.3%	13.1%
●生きがいの問題	17.9%	23.5%	31.4%
●大きな不安はない	3.8%	11.0%	15.7%

出典:厚生労働省「高齢社会に関する意識調査」(2016年10月)(n=3,000)

成功し、現在は転移も見られず、完治したと主治医から言われるようになりました。

そのために数年間のロスタイムを取らざるを得ませんでしたが、この大病は、これまで自信満々だった私に、もっと健康管理をしなければいけない、という意識を植えつけ、いまも定期的に病院に通って、検査をしています。

先日、テレビを見ていましたら、目、耳、頭脳の年齢を測るというテーマで視聴者自身が自分を診断する番組がありました。こりゃ面白いと思って、それに挑戦してみました。

目については、黒いテレビ画面の中に果物の模様が浮かんでいるのですが、この果物が何個見えるかによって年齢がわかるということです。

加齢に伴い、白内障の症状が出てくるためにあまり見えなくなるのですね。私は2年前に両眼の白内障手術をしましたので、結果は60歳という診断でした。

次に耳です。高音信号を低い周波数のほうから順次高くしていって、どの周波数で聞こえるか、ということでした。実は、私は難聴気味になったため大学病院の耳鼻咽喉科に通っておりますので、結果はまったくダメでした。

いよいよ、頭脳年齢です。博士論文挑戦者としては、最も関心のある診断です。テレビ画面に、鏡に映した時計が6種類くらい並んでいました。鏡に映していますから、2本の針と時刻の文字は逆さまに映っています。時間内にその逆さま時計の針が何時何分を指しているか、いくつ正解を出せるかということですが、全問正解でした。頭脳年齢は、なんと20歳代!――やったね、という思いで、それからの何日間は嬉しくて、ときどき一人で思い出して笑っていました。

次の課題は「時間」です。

生涯現役をモットーとしている私は、ビジネス上からも顧問先企業に対する経営指導や講演やセミナーのために全国を駆けまわっております。北は東北から南は四国までに及びます。そのために、新幹線と飛行機に乗る回数は1年間に300回を超えます。年150往復以上ということです。

どのようにして、その中から論文研究や執筆の時間を生み出すかが、大きなテーマでした。具体的に時間をつくり出した方法については、後章で説明をいたしますので、ここではこの程度にいたします。

そして、「気持ち」です。何をやるにしても、その大本となるのは自分の気持ちです。からだは年齢とともに老い、弱くなっていくのは万人共通のことです。ところが、気持ちは年齢とは関係ない、と思うのですね。

自分自身が〝もう年だ！〟と思えば、気持ちも老《ふ》けてくるでしょう。したがって、自分自身の気持ちを〝若く保つ〟ことを心がければいいわけです。

そこで、ＢＮＩ（Business Network International）という国際的な異業種交流会に入りました。それぞれ地域ごとに支部（チャプターといいます）がありまして、私は東京・新橋のチャプターです。会員同士が顧客を紹介し合うのですが、毎週金曜日に定例会が設けられています。その会の開催時間が午前7時です。

その時間までに行けばいいのかと思いきや、会員は、その1時間前までに行って準備をしなければなりません。したがって、金曜日の朝は4時起きです。冬場は夜明け前で、まだ真っ暗でした。

そのようなわけで、主として経営者や士業で構成される会員は、若者が主体です。せいぜい年齢がいっていても50代。私は飛びぬけた高齢者でした。

しかし、会員は年齢に関係なく平等ですから、息子のような若者に交じって交流するわけです。週に一度ですが、この若者たちと一緒に行動し、議論するということが、実は私の気持ちをいつも若くするための刺激となっていました。

そのために、たぶん私は、ＢＮＩ会員の誰よりも若く挑戦的な気持ちを保つことができたのだと思っています。

3 70歳でも挑戦できる

定年時代までの自分を総括してみる

私の個人的な経歴などは、読者の皆様の関心の外と思います。しかし、これから、なぜこの年齢になって博士号取得などという難題に取り組んだのかについて、ご理解いただくために、その背景となる部分を説明します。

早稲田大学を卒業し、日本ビクターに入社しました。学生のときから、10年間はビジネスの経験を積んでから独立し、自分の会社を創業し経営者になる、という夢を抱き続けていました。ただし、それまでは独立するということばかりが目的であり、どのような事業をするのか、という肝心なことが実は抜けていたのが真相です。

当時、日本ビクターは松下グループでした。松下幸之助会長の松下イズムに触れ、理解したときに「この松下イズムを基盤として、中小企業が成長するためのお手伝いをするのだ!」と事業の目的がはっきりしました。

11年間の会社員生活に別れを告げ、何とか経営コンサルタント事務所を創業することができました。オフィスは、ほんの10坪くらいの、私以下6名のささやかな陣容でスタートしました。

勢い込んで独立したのですが、〝経営する〟ということは、これまでの会社員の世界とはまったく別物であることを強烈に味わいました。

まずは、中小企業に対する経営コンサルタントなどという概念は、当時の日本にはありませんでしたから、本からも先輩からも学ぶことができませんでした。

中小企業の社長と話をしていても、彼が本当に何を悩み、苦しんでいるのかがなかなか理解できません。もちろん日本語ですから言葉ではわかります。しかし、その社長の心の中に入り込み、一緒になって解決へと導いていくことができないのです。

大企業で勉強しましたので、経営について少しはわかっていたつもりでした。しかし、中小企業ならではの資金繰りや収益改善や営業手法、社風などは大企業とはまったく異なることを認識していなかったのです。

悩み抜いた末に考えたこと。誰からも学ぶことができなければ〝自分でやってみればよい〟と思いました。つまり、自分自身で中小企業を起業し、実業を経験することです。その体験を通して学んだ実経営を、経営コンサルタントに活《い》かすこと。これこそが、悩んでいる中小企業の社長の手助けになることだ、と思ったのです。

それから先、中小企業の経営の勉強をするために、多くの悪戦苦闘を重ね、修羅場を乗り切りながらの体験があるのですが、これは本書の主旨ではありませんので、また別著にてご紹介させていただきます。

〝経営は経験の科学〟という持論に基づいて、これまで自分で13社の会社を創業しました。経営コンサルティングのために経験したほうがよいと思われる工場から居酒屋までさまざまな業種に広がりました。

その間に、この実経営をもとにして、多くの中小企業の経営を再生・健全化へと導くことができました。いわゆる一般的な経営コンサルタントとは違った経営の現場における指導手法を駆使するので、「常識破りの再建請負人」とまで言われるようになりました。

思いもかけない最悪のアクシデント

まさに定年時代の真っ盛りの50代半ばにさしかかったところ、ある上場企業A社の再生指導を要請されました。

そのA社長から「経営的に大変厳しい状態になっている。何とか救ってほしい」ということでしたので、経営顧問を引き受けました。

早速、財務調査をしてみますと、まさに台所は火の車状態でした。資金調達のためにメインバンクに行きますと、支店長が居留守を使うくらいでした。

それでも、1年後には再生指導の成果が実り、何とか再生することができました。

ところが、経営者というものは悲しい性《さが》があるもの。経営が厳しいときは、お客様にも金融機関に対しても神妙になります。

これが、ひとたび儲かるようになりますと、背中につっかい棒をしなければならないほど、そっくり返り尊大になります。結局、その驕《おご》りと油断がもととなり、銀行の貸しはがしによって突然、経営破綻となりました。

A社の倒産事件は、銀行の貸し渋り、貸しはがしとして当時は社会的な問題になりました。この事例は、拙著『潰れない会社にするための12講座』（中公新書ラクレ）に詳細を説明しておりますので、本書では概略だけ述べます。

当時は民事再生法が施行される前でしたので、過去にほとんど事例のない商法上の会社整理という法的再建手法を使うほかにありませんでした。

本来、経営再建にあたっては責任からも社長が先頭に立つのが当然のことですが、A社長はその責任を果たすどころか姿を消してしまいました。

そこで、私が経営指導にあたっているとともに、頼まれて取締役にもなっていたため再建の陣頭指揮に立ちました。債権者へのお詫《わ》びはもとより、再建計画の策定そして法的手続きなど、すべての矢面に立って再建にあたりました。途中、何社かの関連倒産や関係者の死亡もありました。

やがて、2年近くかかりましたが、再建計画案に対して100%に近い債権者から同意が得られ、裁判所から実行命令をいただき、何とか再建の道を歩むことができたのです。

このA社の再建を指導するにあたって、経営トップの持つ経営意識によって会社は破綻もするし、成長することもできる、ということを痛感しました。

A社長がゼロから起業し、さらに、ほんの小さな企業に過ぎなかったA社を上場企業にまで成長させるあいだは、本当に真剣に経営に取り組んでいました。実は、私はA社長とは以前から友人の間柄で、A社の上場活動にも関与し応援しておりました。その間のA社長の懸命な取り組みは十分理解しております。

しかし、破綻する数年前からのA社長は、これまで成功してきた驕りからか、社員を育成指導するというより、強者として社員を威圧《いあつ》し、征服するような言動が見えてきました。

いま流行の言葉でいうと典型的なパワハラでしょう。

さらに、会社の収益力や財務危機であるにもかかわらず、それを認めることもなく「自分が何とかするから余計なことは言うな」を通し、結局は無策なまま最悪の事態に突入したのです。

経営者としての危機意識が欠如していたことになります。なぜ、危機意識が欠如していたのか。それは、経営者として身につけなければならない経営の基本である経営管理や会計知識を実はほとんど理解していなかったのです。上場企業の社長でありながら。

私はA社に経営指導をしていて、A社長は当然このようなことはわかっていることと思って進めていました。ところが、実はあまり理解しておらず、立場上のプライドからわかったように頷《うなず》いていただけ、だったのです。このような基本的かつ重要なことが破綻して初めてわかったということは、A社の経営指導者としての私の大失敗でした。

この反省が次項で述べる私の〝博士号挑戦〟につながる起爆剤の一つでもあり、その後の私の人生を変化させることにもつながったと思っております。

自分に何が欠けていたか

私は中小企業の経営再生を指導するコンサルタントの先駆者として、数多くの企業を健全化してきました。特に顧問先企業の経営の現場に入って、具体的に再生指導をする手法は、他のコンサルタントでは実行することが困難であると思います。

なぜなら、ほとんどの経営コンサルタントは自分自身で企業を経営した経験がありません。したがって、私が苦労して体得した中小企業の社長の心の中を理解することができません。そこで、紙の上つまり経営数字を分析した統計的資料をもとにして、「粗利率は何%にしなさい」とか「人件費は何百万円削減、そのために何人リストラしなさい」というだけにとどまります。

目指すレベルに改善するためには、「このような対策を取れば効果的である」という指導はできないのです。

A社が破綻した最大の原因は、「社長の危機意識の欠乏」にありました。いまでこそ当たり前のように「中小企業は社長で決まる」といわれています。社長の経営者意識が、会社の成長、あるいは逆の破綻につながってしまうほど重要だということです。

大地震が来て、グラグラッと揺れて、ドシャ〜ン！　と建物が倒れるように、会社が潰《つぶ》れてしまう経緯を経営指導者として目《ま》の当たりにしたショックは、私の経営コンサルタントとしての自信を根底から揺さぶりました。

結局のところ、大事なのは社長の経営者意識の重要性や、変革するためにどのようにすればよいのかということ。経営指導するにあたって最も基盤となる社長の意識よりも、再生手法を駆使して収益力を上げることにとどまっていたのが自分のレベルだったということを悟りました。

さらに、A社の破綻は別の面でも私に大きな影響を与えました。私が創業した企業にメーカーがありました。A社に製品を供給していたのですが、数億円に及ぶ売掛金が回収不能となってしまいました。つまり、焦《こ》げついてしまったのです。

そのために、私の創業した会社は連鎖倒産せざるを得なくなりました。しかも私は連帯保証をしていましたので、その補償のために所有する不動産を含めて債権者に全財産を提供しました。

通常ですと、定年時代はその後の人生の糧《かて》として、それまでの蓄えにいくばくかの退職金を加えて再出発するのでしょう。私はそれどころか、人生一巻の終わりというくらいの莫大なマイナスからのリスタートということになったのです。

もう一段「高みを目指したい」という思い

マイナスからの再出発をプラスに転じるためにも、これまで私が行ってきた「経営再生指導方法」や「指導技術」を、もっとレベルアップさせる必要があると思いました。

そこで、経営コンサルタントとして、さらにもう一段高みを目指すために、次のようなことを心がけました。

まず、「経営再生技術」を、さらに高めることです。

クライアント企業の経営に直接介入し、社長と一体となって経営改革を進めていくことです（専門的にはこれを参与観察指導といいます）。

製造や営業の現場はもとより、人事や組織、資金調達に至るまで、財務資料、管理資料、さらには現場データに至るまで分析・管理し、経営改革会議で徹底的に改善策を検討し、確認するシステムの構築です。

さらに、「中小企業は社長で決まる」のですから、社長の経営者意識、その中でも、特に〝危機意識の強化〟について、社長に対して最優先で指導・アドバイスすることです。ときには社長や経営幹部の個人的な悩みごとの相談にまで乗ります。

次には、私の「経営再生技術」を金融機関や中小企業の経営者やビジネスパーソンに伝え、広めることです。

そのために私がしたのは、本を書くことでした。前述の『潰れない会社にするための12講座』から始まって、中小企業の経営再生や経営者の考え方についての書籍を7冊、出版しました。

さらに、何年にもわたり、地方銀行の行員や地域金融機関である信用金庫の職員に対して経営セミナーを年間50回以上行いました。

中小企業の経営再生や、リレーションバンキングを強化するための再生手法や経営指導の方法などのテーマです。これまでに、私のセミナーに参加していただいた行員、職員の方々は1000人を超えるでしょう。

また、商工会議所や法人会において中小企業の経営者に、経営者意識や経営改革の手法を中心として数えきれないほどのセミナーや講演会を実施しました。

この体験を通して、私自身の持つ経営再生技術を絶えず見直し、磨いていくことができたと思っています。

博士号取得を決意したワケ

経営介入をして再生指導をする手法や、多くの中小企業経営者や金融パーソンに経営改革のセミナーを開き、企業再生に関する教育を繰り返しました。そのベースとなっているのは、私自身のこれまでの再生指導の経験です。

少々専門的になりますが、経営再生に対して最も重要であると思われることは、

「企業に介入指導を行い、社長の持つ危機意識を強化し、会社の実行力を向上させる。これにより収益力が改善し、再生を実現できる。

さらに企業価値を向上させていくことにつながる」

というのが、私の持論です。私はこれを「経営再生メカニズム」と名づけました。

企業の再生指導にあたるときに、絶えず、この「経営再生メカニズム」を念頭に置いて指導にあたってきました。

ただし、この時点では、このメカニズムが本当に再生や企業価値向上のために機能する、という点について、論理的な解明ができていなかったのです。

これは、わが国の（おそらく国際的にも）いずれの再生専門家も経営学者も、解明しようとすらしていない課題でした。

このメカニズムを論理的に解明するためには、大学院で専門的に研究し、それこそ博士論文が取れるほどの努力をしなければ困難であると思いました。

そこで、定年時代を過ぎるにあたって、博士号を取る決意をするに至ったのです。

私は、「経営は経験の科学」と思っています。経営というものは経験をしなければわからないところが多いし、一つひとつの経験の積み重ねが大事という意味です。

また多くの経営者は、「理屈なんか言ってないで実行あるのみ」と思っています。「経営」にいろいろと理屈づけをするのが経営学ですから、「経営者」と「経営学」は同じ〝経営〟でも、考え方に大きな乖離《かいり》があるのが現実と言えましょう。

大学院に入るに際して、「なぜ、その年齢で大学院に入ろうと思うのですか?」と、多くの方から質問をされました。

そのとき、私は次のように答えました。

一つは、過去7冊ほど経営関係の著書を書いたのですが、その後まったく書くことができなくなりました。それは、これまで発刊した7冊以上の内容のあるものを書けなくなったからです。つまり、自分の中の知識の進歩が停滞したと思いました。そこで、この停滞を何とか打破したいと考えたのです。

次に、私はこれまで数多くの経営指導の経験があります。

しかし経験の一つひとつは、言い換えれば団子《だんご》のようなものです。団子がいくつあっても、お互いがバラバラでは全体を持ち上げることはできません。「経験」という団子が〝存在する〟だけに過ぎません。

その団子を「論理」という串で刺し、串団子にすることによって、串を持ち上げると、団子全体が持ち上がることになります。これが、経験を〝レベルアップ〟させることになると思いました。

このような考えが、いい年をして大学院でさらに学びたい、と思った理由です。

がんを克服した後の、再スタート

前述したようにA社は2年くらいかけて法的再建ができたのですが、破綻による信用失墜《しっつい》は大変なものでした。いかに裁判所のお墨付きがあると言っても、しばらくのあいだは現金でなければ材料は仕入れることができません。従業員も会社の将来に望みが抱けず、どんどん退社していきます。もちろん、資金がなくても他から借りることはできません。

こんな会社が、いわゆる普通の会社に戻るのにさらに数年かかりました。

さて、それではいよいよ大学院に入って、念願の研究ができるか、と思いました。ところが、ここでさらに大きな修羅場が待っていました。

前述しましたが、がん宣告を受けたのです。たまたま人間ドックのオプションで前立腺がんのPSA検査をしてもらいましたところ、陽性ということでした。がん宣告を受けた誰もが思う「なぜ自分が！」という気持ちを、わが事として味わった瞬間でした。

主治医の言うことには「3か月後に再度PSA検査をして、数値が少しでも変化したら、すぐにがんの摘出手術をしましょう」ということです。

そして3か月後、「明日、入院してください。すぐに手術に入ります」でした。

どうも20年くらい前に、がんが芽生えていたそうで、すでにレベル4の前立腺の全細胞ががんに侵されているということで、「待ったなし」の状態であると言い渡されました。

手術は、「ダビンチ」という最新式の内視鏡下手術支援ロボットを使用しました。開腹手術ではなく、腹部に鉛筆の太さ程度の穴を5か所開け、内視鏡カメラとロボットアームを挿入します。高度な内視鏡手術をするために、回復が速いそうです。

麻酔から覚めたとき、孫娘が私の手を握っていてくれているのをとても嬉しく感じました。手術の翌日にはベッドから起きて歩かされました。ひどいものです。あまりの痛さに〝この野郎！　バカタレ！〟と自分に活を入れながら、からだから出たチューブとともに歩いたことを覚えています。

ホルモン注射や放射線治療で、がんから脱出できましたが、その後の体力と気力の回復にはかなりの時間を要しました。この治療のためのロスタイムのおかげで、肝心の博士号取得へのスタートは、思い立ってから10年後となってしまいました。

第2章

博士号取得、この挑戦は無謀なのか

ハードルを乗り越えていこう

私は定年時代に、この先の自分をどのように進化させればよいかについて深刻に考え、悩みました。その結果として、自分の持つ中小企業の経営再生指導のスキルを、もう一段アップさせる。そのために、何としてでも博士号を取るのだ、と決意したのです。が、その決心の後に出くわした思わぬできごとのために、10年ばかりの時を遠まわりせざるを得ませんでした。

いざ、念願の博士号を取得するために大学院に入学を果たしたときは、すでに70歳になっていました。

大学院生はもとより、教授を含めて、誰よりも私は年長です。

それぞれの講座の第1回目では、受講生が自己紹介をします。

「私はあの真珠湾攻撃の2か月前に生まれました」といいますと、皆さん初めはキョトンとして、そのうちザワザワし始めます。いまどきの若い人は真珠湾攻撃をよく知らないのでしょう。そのうち周りの受講生から耳打ちされたのでしょうか、「うそっ、そんな年齢!?」という意味の反応なのだと思いました。

そう、私は気持ちは50歳でも、実年齢は70歳（当時）なのですから、院生たちは自分の親や祖父母くらいの年齢だとわかって驚いたのも当然のことでしょう。

当章では、大学院に入り、自分の業務多忙や高齢を乗り越えて、博士号取得に挑戦することで知ったことや失敗したことなど、悪戦苦闘した体験を述べたいと思います。

1 博士号取得の道のり

まずは大学院の修士課程を修了する

博士号を取得するためには、まず大学院の修士課程を修了しなければなりません。

そこで、2012年9月に念願の多摩大学大学院経営情報学研究科の修士課程に入学しました。入学式は東京の聖蹟《せいせき》桜ヶ丘にあります多摩大学の本校の講堂で行われました。

はるか何十年も前に早稲田大学に入学したときのことを思い出しながら、どんな入学式なのだろうか、さぞ厳《おごそ》かにやるのだろうな、と半ば期待しながら控室で待機していました。

ところが、時間が過ぎてもなかなかお呼びがかからないのです。本来、このような記念すべき式典は定刻になったらぴったり始まるのが常識と思っていましたので、オヤオヤと思いました。

やがて、広い会場に入りますと、正面の一段高い舞台に数十名の教授陣と関係者が整然と並んでおりました。

入学生は、教授陣と対面して客席（この場合は入学生席）に座りました。周りを見まわしましたが、十数名しか座っていません。これから来るのかと首を傾《かし》げましたが、そのままの状態で式が始まりました。

数百席の中に十数名が着席していまして、見上げる壇上には、その何倍もの数の先生方が座っているという状況です。秋期入学ですから入学生が少なかったのでしょう（春期入学は秋期の倍以上の入学生になるようです)。

この雰囲気って想像できますか？　人数的には普通は逆ですよね。かなりのアンバランスな光景でした。

会場で渡された資料の中に、校歌の歌詞と譜面が印刷されたペーパーが入っていましたが、ほとんど意識していませんでした。

やがて、式典の最後に「これから校歌を斉唱しますので、ご起立ください」とアナウンスがあって、前奏が始まりました。これまでに一度も、歌ったことはもとより聴いたこともない歌を一緒に歌うのです。口パクで校歌を歌ったのは、この長い人生で初めてでした。

これまでは、校歌斉唱といいますと、誰もが知っている早稲田大学の校歌を「ワセダ、ワセダ……♪♪」と手を振りながら大声で歌ったものです。かなりの違和感といいますか、多摩大学というのはチョット変わったユニークな大学だな、と瞬間思ったのを覚えています。

講義は私が体験した頃の大学とかなり違いまして、教授一人に受講者が数人から多くても20人程度。先生を中心にして輪のようになって、自由に発言できるようになっています。授業時間は通常3時間で2単位です。3時間というのは教えるほうにとっても、教わるほうにとってもなかなか大変な時間です。

先生によっては、交代で受講生がパワーポイントを使って講義をすることもあります。自分の番になりますと、しっかりと講義ができるように予習をしなければなりません。講義の仕方によって、自分のレベルが皆に見抜かれてしまいます。したがって、紙で行う試験よりも厳しいともいえます。

講義のテーマによっては、教授より私のほうが知っている場合がありました。講義の最中に「先生、そこは現実の経営においては違いますよ」とか、先生とかなり激しくバトルをすることがしばしばありました。さぞ、やりにくい生徒だったでしょう。

経営大学院は、通常の大学院のように大学からストレートに入学する人は基本的にはいません。誰もが、大学を卒業して、ある期間ビジネスを経験してから、自分の研究課題を持って入学します。したがって、入学金や授業料などは自分で払う人と、勤務先の会社から出してもらう人がいます。

なかには、講義の出席簿に名前だけ書いたり、毎回講義に遅れて来たり、始まって10分くらいすると退出する受講生がいます。大学時代の延長のようなつもりで、単位だけ取れればいい、学歴だけもらえればいい、というような意識の人もいます。

私は、少々気が短いものですから、そのような連中に「君たち目障《めざわ》りだからやめろ！」と怒ったこともありました（もっとも私の年齢だから言えるのでしょうね）。「すいません！」と謝っていました。

「修士論文」と「特定課題論文」

博士号を取るにしても、MBAを取るにしても、その審査は研究論文で決まります。

そのために、修士課程においては論文ゼミ（ゼミナールの略）に1年半ばかり所属し、自分の研究テーマをまとめていく必要があります。

また、修士課程の場合は2人の教授のゼミに入らねばなりません。つまり、自分の研究テーマに対して、2人の先生から指導していただくということです。

ゼミは、教授ごとに2週間に1度開かれます。ゼミのメンバーが、自分の研究テーマの進捗《しんちょく》状況を全員の前でパワーポイントを使って発表します。その発表に対して教授がアドバイスします。ゼミメンバーも質問したり、意見を述べたりします。

この繰り返しを重ねて、自分の論文を磨き、完成させていくことになります。

多くのゼミメンバーは、論文のテーマを決めるのに四苦八苦していました。大学院に入って、自分は何を研究したいのかをはっきりさせていれば、テーマは初めから決まっているようなものです。つまり、このような院生は目的を持って入学したのではなく、修士の肩書きが欲しかっただけだ、ということを証明しているようなものです。

レンタルドッグシステムを構築したい、というテーマを持ったメンバーがいました。捨て犬を集めて、それをレンタルで貸し出すビジネスのようでした。ビジネスとしての収益も含めた経営計画もまったくなく、単に、自分が一時的に面白いと思ったからテーマにした、という感じでした。生き物をそのように扱うことも共感できませんでしたので、思わず「ふざけていい加減なことを言うな！」と怒ったことを覚えています。担当教授がビックリして私を見ていたような気がしました。

落語の名取りの女性メンバーが、落語が趣味の素人が語ることができる高座をつくりたい、というテーマで取り組んでいました。面白いテーマだなと感じました。その後、事業として実現したというニュースは聞きませんが。

修士論文には同じ名前ですが「修士論文」と「特定課題論文」（多摩大学大学院では現在は「実践知論文」と称しているようです）の2通りがあります。

「修士論文」は、学問や論理的な究明を主体とした研究論文のことをいいます。一方、「特定課題論文」は自分が会社で関係するビジネスを主体としています。たとえば、自社の製品の品質レベルを向上させるためにどうするか、とか、自社の設備投資をどのようにすれば合理的か、など自社の事業を深掘りするようなものです。「特定課題論文」は、会社の事業計画会議への提出資料のようなものと私は受けとめました。

担当教授からは修士論文のほうが特定課題論文よりレベルが高いと評価されているので、

修士論文を進められました。もちろん私は、迷わず修士論文にしたのは言うまでもありません。

「経営再生メカニズム」の理論

さて、私自身の修士論文についてです。

第1章で説明しましたように、論文を執筆する目的が明確でした。「経営再生メカニズム」という、私の経営再生に対する持論の論理づけが最終的な研究目的なのです。

そこで、修士論文ではこの中でも、中小企業の経営再生のカギともなる社長の経営者意識をどのように変革させるかということを論理的に研究してまとめました。

論文のタイトルは「窮境《きゅうきょう》企業再生のカギ（経営者変革手法の研究）」としました。内容的にはかなり専門的になりますので、ほんのさわりの部分だけ説明します。この内容を説明するのが本意ではありませんので、ざっと目を通して「なるほどね」と思っていただければ結構です。

経営者の心のうちを構成する特性には、大別して「意識特性」と「環境特性」と「行動特性」が大幹となります。

「意識特性」は危機意識、覚悟、再生意欲で構成されます。

同様に「環境特性」は経営密度と経営知識、「行動特性」は実行力、指導力、営業力で構成されます。

大事なことは次の3つです。

① それぞれの特性を定量的に評価する方法の開発

② 各特性を変革させる手法

③ 特性と収益性改善の関係の分析と検証

これらについて、私がこれまで再生指導した多数の企業からサンプルをランダムに抜き取り、統計的手法に基づいて検証しました。

その結果、特に意識特性と行動特性が大きく、収益力改善に影響を与えることが証明されました。つまり、経営を立て直すには、社長の意識と行動特性を強化させることが最も有効である、ということを意味します。

修士論文の審査は、予備審査と最終審査の2回あります。予備審査は最終年度早々に行われます。それは、論文執筆に対するアドバイスが主体です。

最終審査がいよいよ合否を決める本番です。審査は審査員となる3名の教授によって評価されます。

完成した修士論文をもとに、パワーポイントで研究の主旨や結論を20分程度で発表してから、質疑応答が30分程度あります。

内容的な審査はもとより、発表態度や時間配分、そして服装までが審査の対象となります。私は仕事柄、相当数の講演会やセミナーの講師をしてきましたので、人前で話すのはほとんど緊張しませんが、このときばかりはガチガチになりました。

おかげさまで、論文審査は合格、それも優秀論文賞をいただきました。これによって、MBAを取得できたということになります。つけ加えますと、受講した講義はすべて「優」つまり「全優」という成績簿もいただきました。私の年齢と業務の忙しさから考えますと、少しばかり自慢です（笑）。

修了式のときにアカデミック・ガウンに帽子をかぶり、寺島実郎学長から学位証と優秀論文賞をいただいたときは感激しました。さらに、修了生を代表して教授の皆様に謝辞を申し上げました。

懇切丁寧にご指導をいただいたことのお礼とともに、私にとっては、今日がスタートである、と申し上げました。参列した皆さんは、この年で、この先、何に向かってスタートするのか、と思ったのではないでしょうか。

修士課程から博士課程へ

さて、修士論文の目途《めど》がついた頃、いよいよ次のステップである念願の博士課程に進む準備をしなければならないと思いました。具体的に、どのような手続きを踏めばよいのか知りたくて、大学院の事務課の責任者に聞きに行きました。

「この9月に修士課程を修了してから、博士課程に進みたいのですが、どうすればよいのでしょうか？」

すると、

「実は、博士課程は受けつけていないのです」

という返事。

「え？　なんていうことを⁉　大学院のガイドブックにも博士課程がある、と書いてあるじゃないですか！」

「それは、大学院として書かなければいけないから書いてあるだけで、実際には受けつけてないんですよ」

——そんなの、だましじゃないですか！

「申し訳ないのですが、何年も前から受けていないのです。したがって、博士課程の具体的な諸規定もないし、実際に難しいのです」

何とかしてくださいと何度頼んでも、答えは変わりませんでした。そういえば、私が知っている限り、これまでに博士課程に在籍する人を見かけたことはなかったのです。

私なりに大志を抱いて大学院に入り、この段階になって博士課程は受けつけない、とは言葉にも表せない絶望感と怒りを抱きました。

もう、こうなったら私の母校である早稲田大学院の博士課程にでも行くか、とも思いましたが、最後の手段として、ゼミの担当教授である宇佐美洋教授に相談しました。宇佐美先生も初耳のようでビックリされていました。

その後、前述しました修士論文の最終審査の後、宇佐美先生は私のところに来られて、少し審査室の前で待機していてほしい、ということでした。

やがて、宇佐美先生は、

「吉岡さんを博士課程に受け入れることに決まりました」

と伝えてくださいました。私の最終審査の審査員であった多摩大学大学院のトップのお

2人と相談をしてくださったのでしょう。これは私の推測ですが、修士論文のレベルも受け入れの参考としたのかもしれません。私には宇佐美先生が神様のように見えたことは言うまでもありません。

こんな事件があったことは、大学院当事者でもほとんどの人は知らなかったでしょう。たぶん、本書を通じて、そんなことがあったのだ、と知ることになるでしょう。

後になって、宇佐美教授からのお話では、私の取り上げている研究テーマについて、大学院に指導できる教授がいない。早稲田大学院でもほかの大学院でも日本中で指導できる教授が現実にいないと思う。したがって、宇佐美先生自身が私と一緒に勉強するつもりで担当教授を引き受けることが私を博士課程に引き受ける前提となったそうです。

大変ありがたいことで、この判断がなければ、いまの私も、また本書もなかったということです。

いまでも、関係された教授の皆様に心から感謝しております。

また、私が博士課程に進めたことで、私の後に博士課程で研究する人が何名も続くようになりました。多摩大学大学院における博士課程の道を開いたと自負しています。

難関の英語力審査

ＭＢＡを得てから博士課程に進むことになりますが、博士論文を完成させて博士号を取得するまでのステップについて、フローチャートをもとに説明しましょう。

まず初めにやってくる難関は英語力審査です。

博士論文は日本語で書いても、英語で書いてもいいのですが、私はもちろん迷わず日本語で執筆です（笑）。研究にあたっては、原書を読む必要が出てきますので、英文を読む力が必要なのでしょう。

かく言う私も英語の原書を3冊ばかり読みました。ただし、必要な箇所を抜き取り的に読んだ、という程度で完全に読破したとは言えませんが。

実は大学卒業以降、英語にはご無沙汰しておりましたので、英単語さえ忘れている自分に改めてビックリしました。試しに、英和辞典をめくりながら英語の原書を読み始めました。単語そのものを調べるのは簡単ですが、熟語となると探し出すのに手間がかかります。そこで以前、孫の進学祝いにプレゼントした電子辞書を思い出しました。「そうだ、文明の利器を使おう！」と思い、「EX-word」という電子英和辞典を手に入れました。実際に使ってみると、なかなか便利です。年寄りにはもってこいの武器です。

余談になりますが、最近の辞書は、俳句の歳時記はおろか、小説まで読めるのです。すごいものです。そこで、毎日のようにこの電子辞書を使って英文を読み、英語に触れるようにしました。

A4用紙1枚程度の英文を日本語に翻訳するという英語力テストは、おかげさまで合格。もし「×」ですと前に進むことができませんので、それで一巻の終わりです。ひとまず第一歩が進めたとホッとした覚えがあります。

博士号取得までのステップ

次に、博士課程に進んでから2か月くらいのところで、「博士論文中間審査」があります。前述しました修士論文の中間審査と同じような方式でした。ただし、博士論文ですから、審査員は大学院のトップの責任ある教授の方々です。

まだ、この段階では博士論文は1行も執筆していませんから、論文のテーマ設定や構成についてアドバイスをいただくことが主体でした。

この後は、次ページのフローチャートにありますように、

・学会発表審査
・査読《さどく》付き論文審査
・論文最終審査

などと続きますが、内容につきましては、後段の第3章にて詳細を説明しますので、ここでは、博士号を取るまでにこのような関門がある、ということだけでとどめておきます。

博士論文審査合否の〝見極めポイント〟

さて、博士論文を執筆するにあたり、どのようなことを重視しなければならないのか、に

◎博士号取得までのステップ

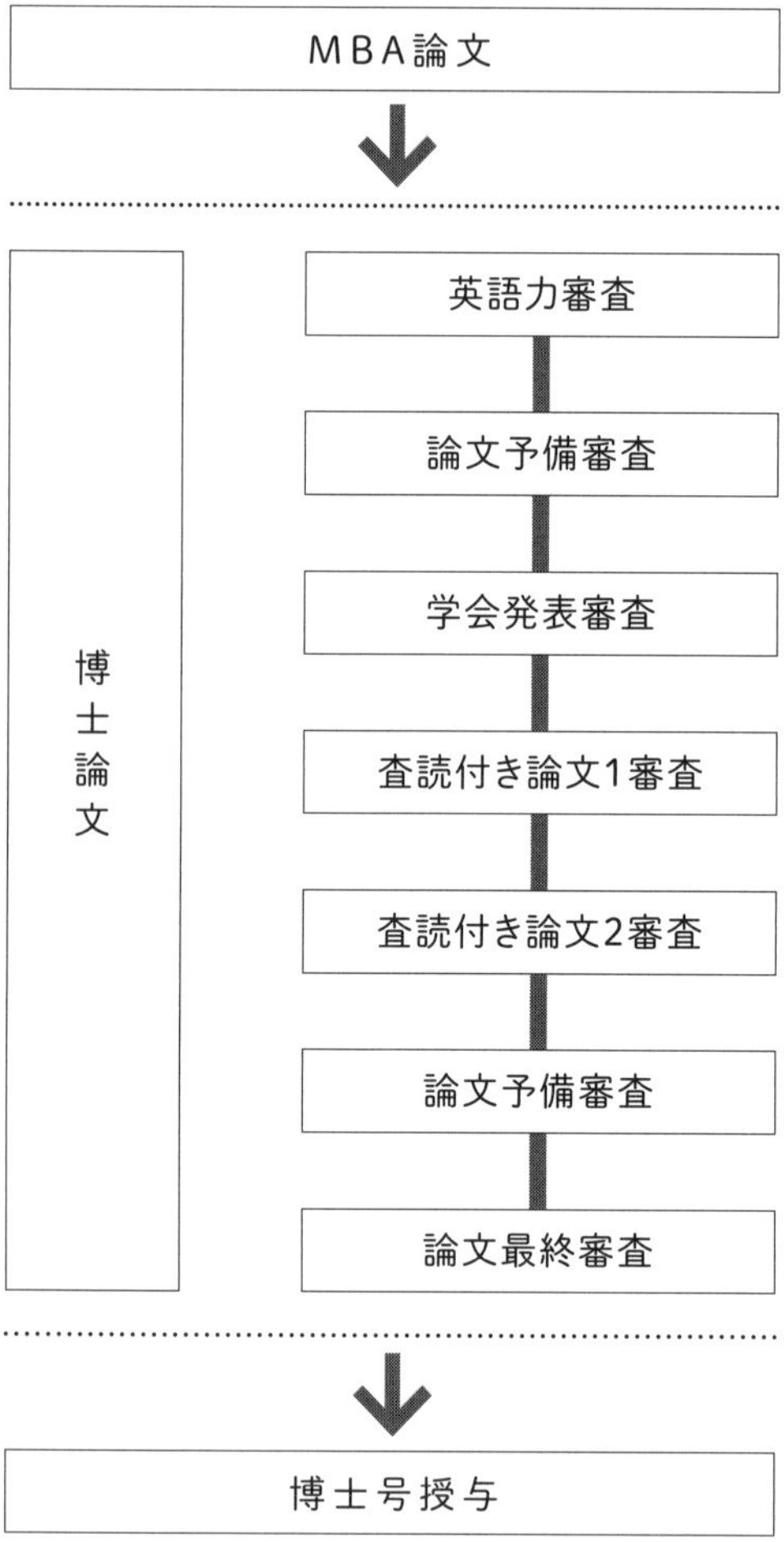

ついて知らなければ先に進めません。

そこで、指導教授に質問したり、関係文献を調べてみますと、どうも次のような4項目が審査の重要ポイントではないかと考えました。

① 新規性

論文にて提案されている内容が、これまでとは異なった新しい独創性があるかどうかということ。世の中にある定説の範囲内ではなく、先行研究がないほどのオンリーワン的なオリジナリティを打ち出す必要があります。

② 有効性

論文の内容が、今後の社会の産業や学術に役立つものかどうか。あくまでも自分の趣味や興味の範囲ではなく、社会の発展のために貢献できるものであることを明確にする必要があります。

③ 了解性

論文を読む読者が、わかりやすく理解しやすい文章や分析で展開されていることが不可欠です。独りよがりにならないように気をつける必要があります。

④ 信頼性

論文が、信頼できる内容であることが大事です。そのために、客観的に納得させられる材料を分析して客観的に証明する必要があります。特に、再現性が重視されます。

数年前のことですが、小保方事件という大騒動がありました。論文の「コピペ問題」から始まって、「スタップ細胞はあります！」と断言したものの、結局再現することができず、最終的には博士号を剝奪《はくだつ》されてしまいました。関係するほかのスキャンダルもあり、社会問題にまでなりました。

その事件以来、博士論文の審査が相当厳しくなったようで、コピペ検査という工程まで追加され、コピペ率が何％というようなチェックもされるようです。クワバラ、クワバラ。

このようなことを、頭の中に刻み込んで論文の執筆を始めました。

絶対にあきらめないという執念

私は早稲田大学4年生のときに、卒業論文を書きました。専攻は理工学部電気通信学科(現在は情報通信学科となったようです)でした。

大昔のことでよく覚えていませんが、卒業論文のテーマは、ステレオの音質コントロールに関する特殊な回路についてだったと思います。研究はもっぱら、将来の就職先となった日本ビクターの技術部で行いました。

実は、私は現在こそ経営学をベースとしていますが、もともとは生粋の電子工学の技術者の卵だったのです。

目的とする電子回路の設計と測定に、かなり苦労して論文に仕上げました。まとまった論文を書いたのは初めての経験でしたので、当時はそれなりにがんばり、成績も「優」をもらい、自分なりの達成感を味わった覚えがあります。

適切なたとえではないと思いますが、大学の卒論の内容的なレベルと努力を、仮に高尾山に登るくらいとしましょう。この山は東京都八王子市にあり、標高599メートルです。標高は高くありませんが、古くから修験道の霊山として知られ、ミシュランの「グリーンガイド・ジャポン」でも、三ツ星に評価されるほどの素晴らしい眺望を持っています。

次に、前述の修士論文のレベルと努力を卒論の高尾山と比較しますと、富士山登山くらいでしょうか。富士山は説明するまでもなく、日本一標高が高く3776メートルです。高尾山に比べますと、標高で6倍以上違います。

また、富士山の場合は夏期と冬期で状況は一変します。夏の富士山か、冬の富士山かは修士論文で取り組んだ研究テーマによって異なるでしょう。

前述しましたが、事業計画的な特定課題論文の場合は、仕事の延長線で考えられますから夏の富士山登山でしょうか。

学問的、論理的背景をもとにした修士論文ですと、冬の富士山に登るような、かなり肉体的、技術的な頭の鍛錬が必要でしょう。

それでは、博士論文に求められるレベルと努力を、山にたとえるとどうなるでしょうか。

博士論文にとりかかる前は、冬場の富士山登山よりはかなり厳しいだろう、と頭の中では思っていました。

ところが、実際に取り組んでみますと、「とんでもない、まるでエベレスト登頂のようなものだ！」と痛感したのです。

エベレストは標高8848メートル、登頂はとても一人ではできません。サポートしてくれるシェルパがいなければ麓《ふもと》にも行けません。また、酸素ボンベなど高山ならではの用具も必要です。

また、体力も気力も相当鍛えていないと、登頂は不可能です。

登山家の三浦雄一郎氏が、80歳で3度目のエベレスト登頂をしたことは誰もが知るところです。高齢での登頂のために毎日凄《すさ》まじいほどの鍛錬《たんれん》を続けていることも、テレビや本などで紹介されています。

実は、私はウェブサイトで見つけた三浦雄一郎氏の次の言葉を座右の銘として、いつも自分自身を励ましていました。

「達成できる保証なんてどこにもありません。成功を信じて進むためには、絶対にあきらめないという執念を持つことが大事です。最後は『これができたら死んでもいい』というほどの覚悟。それさえあれば、自分の中で揺るぎない目標設定をして計画的に準備を重ねることができるし、不安やストレスさえもエネルギーになります。人は命を賭けると『生きて帰るんだ！』という強い力が出てきます。ビジネスでもどんな分野であっても死んでもいいほどの意志を持てたら最高の能力が発揮できるんです」
「思いの強さがあれば、あとは努力をするかしないかに尽きる」

（リクルートエージェント　ホームページ掲載、
特別インタビュー「階段を一歩上るとき」FILE19　三浦雄一郎）

博士論文への取り組みも、三浦氏の考え方同様の努力が必要でした。
シェルパの代わりに、教授陣とチームを組みます。

直接指導いただく2人の担当教授はもとより、たとえば統計学専門の教授とか、心理学専門の教授など、専門的な究明をする上でバディのように一体になって進めます。

エベレストの酸素ボンベに相当するのは、参考文献です。

学術的な関連論文から専門書、ビジネス本などが研究を助けてくれたり、ヒントを与えてくれるボンベと思います。

博士論文の執筆は肉体労働ではありませんので、からだの筋肉を意識して鍛える必要はありません。しかし、頭脳労働はエネルギーを使うものです。将棋の棋士は対局が終わるとかなり体重が減ると聞きます。

論文は設定した仮設を論理的に検証していくものですから、ちょうど将棋で先を読みながら勝ちへとつなげていく頭脳と同じような気がします。

したがって、日ごろから人と話をしていても、テレビでニュースを見ていても、「そうなったのは、なぜだ、なぜだ?」とか、「この後はこうなるだろう」というような疑問や推測を意識的に自分自身に投げかけていました。

さらに、ときにはエベレスト登頂でなく、人工衛星に乗って地球を俯瞰《ふかん》するように、次元をまったく変えた発想をする必要もあります。

このようなことの繰り返しで、論文は一歩一歩まとめに近づいていくのでした。

中小企業の経営再生指導の現実

博士論文のタイトルは、「経営介入指導による経営者危機意識強化と収益性改善に関する研究」としました。

前述した通り、博士論文は、「経営再生メカニズム」という私の持論の論理づけを明確にすることとです。つまり、経営再生専門家が介入指導を行い、社長の持つ危機意識を強化し、会社の実行力を向上させる。これが企業の収益改善につながるメカニズムになります。

その経営再生メカニズムの概要について、次ページに表を示します。

さらに、中小企業の経営再生の現状について説明しますが、かなり専門的な内容ですので「なるほど、そんなものか」とご覧いただくだけで結構です。

◎経営再生メカニズム

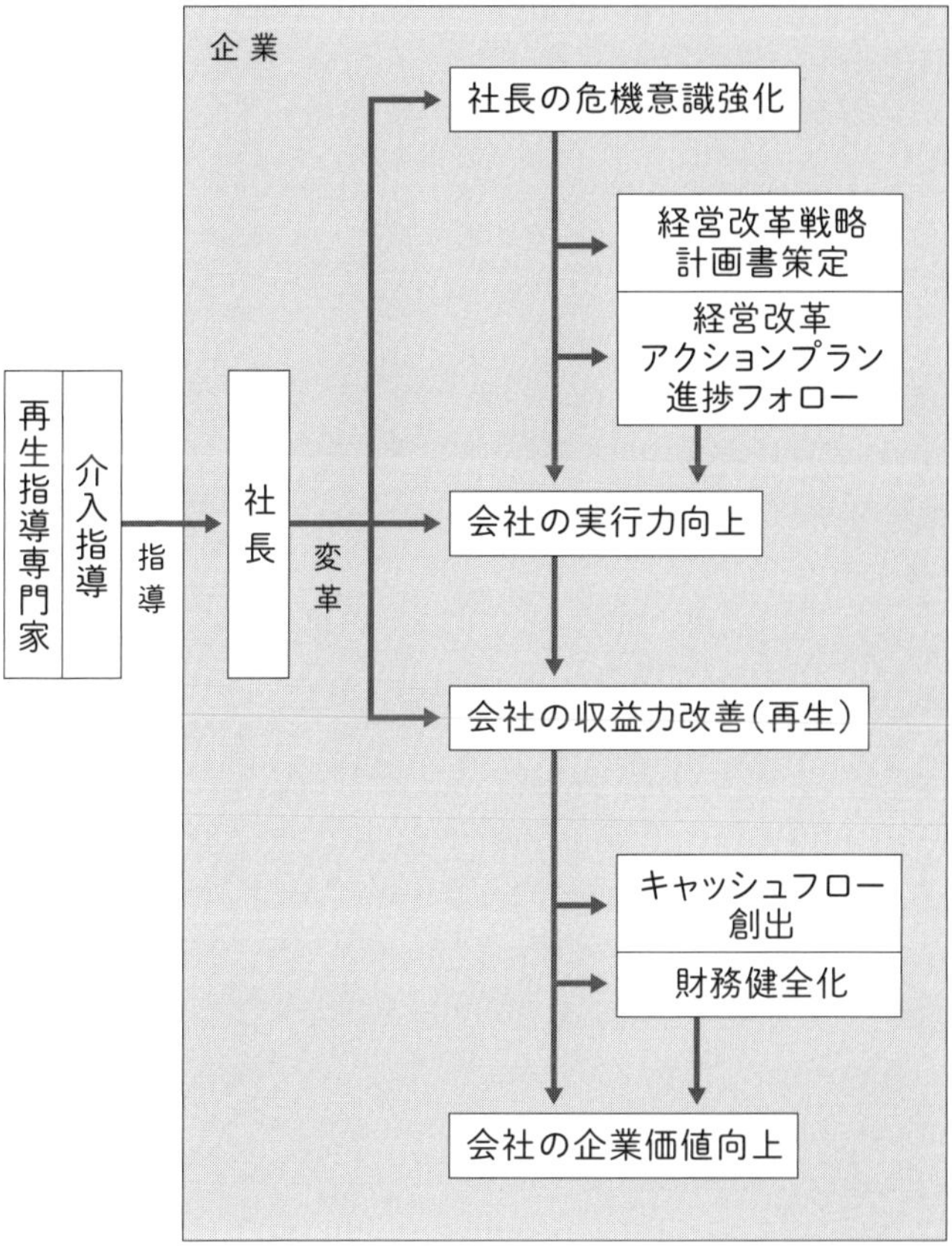
企業
社長の危機意識強化
経営改革戦略計画書策定
経営改革アクションプラン進捗フォロー
再生指導専門家
介入指導
指導
社長
変革
会社の実行力向上
会社の収益力改善(再生)
キャッシュフロー創出
財務健全化
会社の企業価値向上

中小企業の経営再生指導の現実について少し説明しましょう。

経営再生のために、不要資産の処分により借入金を返済して債務を圧縮したり、債務を資本化することによって財務体質を改善する手法が多く取られています。

いわゆる外科手術に頼って再生に導くという考え方です。この手法による再生は、処分できるほどの資産を持っている一部の中小企業にとっては、一時的に成果を得ることができるので、それなりの成果は出ます。

それを処分し現金化することによって、借入金の返済に充当できます。これによって、一時的には財務体質は改善され資金的にも助かることがあります。

しかし、このような再生策は社長の持つ危機意識を強化させることは少ないために、これまでと同じような甘い経営姿勢は変わりません。

したがって、この先も、これまでのように行きあたりばったり式で甘い経営への取り組みが続くことになります。やがて時が経《た》つにつれて、また以前のように不良資産や負債の垢《あか》が溜まり、同じような経営危機が繰り返されることになるのです。私はこの繰り返しをいやというほど見てきました。

ですから、本当に企業を再生させるには経営者の経営者意識、特に危機意識と実行力を変革することによって、企業の収益力を向上させねばなりません。

中小企業の経営再生の指導にあたる経営コンサルタントと称する人の多くは、経営者に寄り添って、ともに悩み、問題意識を共有することはできません。さらに、このようにすれば経営改革ができるという実践的再生手法を使えません。なぜなら、彼らは実際に企業を経営したことがないからです。

野球をしたことがない人が、プロ野球チームのコーチはできないのと同じです。

私の博士論文はこの点に焦点をあてて、実際にどのように指導すれば、中小企業は再生ができるか、ということを解明した研究なのです。

論文を執筆するにあたっては、先行研究がどのようなものかを徹底的に調べないといけません。もし、同じような主旨の先行論文がありましたら、自分の論文の新規性が認められませんし、場合によると盗用ということになりかねません。

したがいまして、経営再生に関する学術論文から経営専門書など、関連しそうな文献を徹底的に調査しました。その数は200を超えていたと思います。学術論文についても、経営者の内面にまで踏み込んで定量的に評価した研究はありませんでした。

社長の経営者意識が具体的に収益改善にどのように影響を与えるかについて、踏み込んで分析して究明した先行研究もありませんでした。

かのドラッカーも客観的な概念論で終始しており、先行研究の対象にもなりませんでした（なお、私は日本ドラッカー学会の会員です）。

このようなことから、私の博士論文のオリジナル性が証明できたと考えております。

2 プライドは捨てざるを得ない

学会への入会と研究発表

これまで、会社員時代でも、独立してからも仕事の面においてはかなりのプライドを持って、がんばってきたつもりです。

ところが、博士論文を取得する過程においてはそのプライドというか、天狗《てんぐ》の鼻をボキッと折られる場面に何度も出くわしました。いや〜、この年になっても恥をかいたり、冷や汗が流れることがあるのだという経験の連続でした。

博士号取得までに、学会で自分の研究を発表し、評価を得なければならないというステップがあります。

そのためには、まず学会に入らなければなりません。数ある経営学系学会のうち、どの学会に入るかの選択をします。

日本で最も権威のある学会に入ろうと思い、担当教授である多摩大学大学院の志賀敏宏先生と相談しまして〝日本経営学会〟に入ることにしました。といっても、入会は既会員

2名の推薦が必要です。

志賀先生のご尽力で2名の推薦をいただき、入会することができました。やはり、噂にたがわぬ日本一のレベルを誇る学会なんだな、と思いました。

発表内容は、まだ博士論文ができておりませんでしたので、MBA論文をアレンジしたものに決めました。

学会発表などというものは、大学の頃、たしか電気通信学会（現・電子情報通信学会）で運営のお手伝いをした思い出があるくらいで、これまで経験がありませんでした。

妻も以前から学会というものを一度は見てみたい、という気持ちを持っていたようで、同伴にて経営学会に参加ということになりました。

会場となる専修大学の発表会場に入りました。

私の前の人の発表が始まりました。たしか地域の観光振興に対する施策の研究発表だったと思います。かなり自信満々の感じで発表していました。

発表が終わった途端に、講評する教授から怒号が飛びました。

「何ですか、この発表は！　評価するにも値しない。もう一度初めから研究のやり直し！」

という評価でアウト！

発表者も首をすくめ、力なくうなだれていました。

発表者とは初対面でしたが、学会の始まる前に名刺交換して、お互いにがんばりましょうと声を掛け合った仲でした。発表後、別れに際して、何て言葉をかければいいのだろうか、と思ったくらいでした。

彼に対する教授の講評を聞きながら、「やばいな！　同じようにやられたら、この先、女房に合わす顔がないな～、離婚されるかなぁ」と瞬間思いました。

途端に冷や汗か脂汗かわかりませんが、いや～な汗がにじんできました。同時に、普段は感じたことがなかった心臓のドキドキが止まらなかったことを覚えています。

それでも、あとは野となれ山となれ、とばかりに煩悩《ぼんのう》を振り切って、壇上に立ち、発表に入りました。

何とか発表を終えました。評価では、持ち時間を5分近くオーバーしたことをチクッと言われましたが、内容的にはエクセレントの評価をいただき、胸をなでおろしました。妻にも少しは胸を張れたのです。

あんなに緊張したことはありませんでしたが、いまとなっては、博士号取得の道のりの中でいい経験ができたと思っています。

「論文査読」のハードル

「論文査読」とは、論文の研究分野の複数の専門家や研究者（この場合、「査読者」といいます）による評価や検証のことをいいます。

論文が学術誌に掲載される前に行われます。研究の正しさ、レベル、論理性はもとよりスペルミスや句読点等細部にわたって評価します。

この論文査読に2論文が合格して、学術誌に掲載されることで社会に発表されませんと、博士論文の最終審査を受けることができない仕組みになっているのです。

査読者に対して論文作成者は匿名であるため、提出された論文以外に作成者に対する情報はまったくありません。

したがって、査読者は紙面でのみ評価をしますから、〝どこかに欠点やミスがあるはずだ！〟という〝あら探し〟的な気持ちになってしまうようです。

査読をした後は、自分自身の人柄が悪くなってしまったような気がして、暗い気持ちになる。これは査読者の立場になったことのある先生の発言です。

形式は、Ａ４判16ページ、２万字以内で研究論文としてまとめます。もちろん、博士論文と同じテーマで執筆することはできませんが、ある程度博士論文に関係する分野で執筆します。

私は査読の恐ろしさを知りませんでした。ＭＢＡ論文の少し上くらいのレベルかなと思っていたのです。

怖いもの知らずで、会に提出した論文の結果がメールで来ました。

見事、不合格でした。

学会の責任者から来たメールの論文査読結果の原文は、以下の通りです（悔しいので、い

までもこのメールは保管してあります）

〈査読結果〉

査読者1：研究論文としては掲載不可であるが、修正要求を満たしていれば研究ノートとしてなら掲載可
査読者2：「不掲載」

以上のように、二人の結果が割れました。

そこで、学会規定『二人の査読者の評価が「修正後再査読」と「不掲載」に分かれた場合には、シニア・エディターが、「修正後再査読」、「不掲載」のいずれであるかを決定』を援用して、チーフ・エディターに打診したところ「不掲載」となりました。

以上が学会からの不合格という結果の理由書です。


たとえ「研究ノート」として掲載されても、博士論文の審査要件を満たすことになりま

せん。

査読者の指摘する項目のほとんどは、「テニヲハ」的なことです。

句読点についても、クレームが入ります。句点がない状態が3行も続いたら、「×」となります。できれば、各行に句点が入るくらいにしないとなりません。文章の区切りが長いと、どれが主語で、何が述語かわからなくなってしまう恐れがあるからでしょう。

文章のつなぎに「しかし」と使うとしますと、なぜ「しかし」なのか、となります。

使う用語も、たとえば「きれい」と書きますと、文学的には次は同じ「きれい」ではなくて、「美しい」と書きたくなるではないですか。これが論文では、「きれい」と「美しい」はどう違うのか、ということになり「×」です。

言葉の定義が一つひとつ明確でなければならない、変化した場合はどう違うのかを定義し直さねばならない、ということです。

論文の本質的な点での指摘もあります。しかし、査読者の見解が私の考えと違っていても、それについて議論したり説明することができません。学会側から見ますと、考え方に食い違いが出るような書き方ではダメ、ということなのでしょう。

　こんなことで悩んでいましたら、指導教授の志賀敏宏先生が、この本を読んでみたらと、『創造的論文の書き方』（伊丹敬之著、有斐閣）を推薦してくださいました。なるほど、論文というものはこのように書くのか、と改めて論文執筆の基本を勉強し直したのです。

　査読を受ける論文は、同じものではいけません。提出ごとに異なる論文を執筆し提出することになります。したがって、一つの査読用の論文を執筆するのに3か月から半年くらいかかります。博士号を取得するまでに2種の論文の合格を得なければなりません。

　私は最終的には4学会に5回提出しまして、やっとのことで2回の合格を実現することができました。つまり、恥ずかしながら2勝3敗の成績でした。ここまでのところを、本来ならば3年でやりたかったのですが、結局3年半を経過してしまいました。

　まあ、こういうチャレンジを繰り返すことによって、最終目的である博士論文のレベルが上がり、完璧なものへと向かうのだと思います。いまでも、この論文査読の夢を見てうなされることが、ときどきあります。

3 頭を絞り、時間を絞り出す

研究のための時間をどうつくるか

私の仕事は経営コンサルタントであるとともに、自分の会社を経営する経営者でもあります。

中小企業の経営再生や成長を企業の中に入り込んで指導するために、指導先企業ごとの指導に時間がかかります。言い換えますと労働集約型のビジネスの典型と言えましょう。

それぞれの顧問先の中小企業は、直接は担当コンサルタントが指導計画のもとで指導を行っています。

私の役目は、私でなければできない顧問先の社長に危機意識の強化を図るための指導が中心です。主要クライアントには最低でも毎月一度は訪問して指導します。

私が指導する時間は、1企業あたり2～3時間かかります。したがって、毎日ほとんどを出張して指導することに費やします。自分の会社に出勤するのは1週間で1日程度、あとは顧問先の指導にあたっているか、対外的な活動をしています。

顧問先の指導のための準備や講演の準備などは、帰宅してから行うほかはありません。明日の準備が終わるときには、深夜0時近くになっています。

すると、博士論文の研究は、平日ではこの夜中に始まります。したがって、0時までに寝られることはありません。それで、博士論文の研究や執筆のために、あえて「0時までは寝ない」という自己ルールをつくりました。

私はヨットを趣味にしていました。20年近く前から葉山のヨットスクールに入会しまして、自分の小型のディンギーで楽しんでいました。

ヨットは風を利用するのですから、風上はどちらか、波の状態を見ながらどこに利用できる風が来ているかなどを直感的に判断する必要があります。その風を読むことによって、目的地にどのようなコースを選べば早く着くことができるか、なんていうことを考えるのは、頭の体操でもあります。

さらに、ディンギーでは飽き足らなくなり、本格的な31フィートのクルーザータイプのヨットも手に入れ、東京夢の島マリーナに係留し、東京湾からディズニーランドを眺めたり、隅田川を遡ったりしました。

ヨットが好きで、経営者を集めた経営セミナーなどでも、このヨットを経営に置き換えて話したこともたびたびありました。

ところが、多摩大学大学院に入るにあたって、何とか時間をつくらねばならないので、ついにヨットを処分したのです。おかげで、現在はまったく無趣味となってしまいました。

また、経営者ですし、この年になりますと、世の中のつき合いも多くなります。

しかし、少しでも時間をつくり出すために、念願を果たすまでは、仕事以外のつき合いはできるだけ差し控えると決めました。

おかげで友人や世間に義理を欠いたことは数えきれないほどでした。

ありがたいことは、信頼できる幹部や社員がいるということです。

修士課程においては、金曜日の夕方と土日の授業を受けることにしていました。

博士課程になりますと、金曜日の講座はなくなりましたが、博士論文執筆が次第に切羽《せっぱ》詰まるようになってきました。そこで、後半の1年半くらいは、土日にあわせて、金曜日もまるまる論文研究日に充《あ》てざるを得ませんでした。

幹部や社員たちもその状況を十分理解してくれて、会社全体のスケジュールを調整してくれました。金曜日という1日を毎週、私にくれました。時間という素晴らしい贈り物を社員たちは私にくれたのでした。

移動中でも、できることがある

私の活動先は全国的な範囲になります。経営の現場で指導するのが私のモットーですから、クライアントの指導や講演に飛びまわる毎日です。

したがって、1年間に新幹線と飛行機に乗る回数が300回、150往復を超えます。

乗っている時間は2時間平均として、おおよそ年に600時間を費やしていることになります。普通の人が1日8時間働くとして、75日分に相当します。2か月半にあたります。

これは、時間を生み出す宝箱です。そこで、この移動時間を論文研究のために有効な時間に使おうと考えました。

移動中でもできることは何か。

少しばかりの騒音や、断続しても大丈夫なことに限られます。

それは、

・先行研究にあたる可能性のある学術論文や専門書を移動中に読破する

・関係する箇所はマーキングしたりメモをして研究のための大事な情報とする

と、こんな具合です。

おかげで、先行研究についての、それぞれの課題や弱点について徹底的に調べ、「私の論文の先行研究はない」と言いきれるまで詰めることができたのです。

〝新幹線は私の移動する研究所〟と言えたなぁ、と、いまとなっては思っています。

立ち位置を変えると見え方が変わる

何かを取ろうと思って立ち上がっても、5、6歩あるいただけで、「あれ？　何を取りに来たのだったっけな」ということがしばしばあります。ついさっき自分が何を言ったかさえ、忘れてしまうことがたび重なるような年齢です。

若い頃は（この言葉が出ると「年をとった」ということなのですが）、〝シャープ吉岡〟と呼ばれていた時代があります（これは、ささやかな自慢に過ぎません）。

そこで、いまでも、「自分の頭の中は誰よりも若くて柔軟なのだ！」と意識するようにしています。そうすると、何かエネルギーが湧いてくるのを感じるのです。

テレビや新聞のニュースや政治家の発言を聞いていても、クライアントの社長と話をしていても、それぞれが主張していることと違う何通りかの切り口で考えるようにしています。

その昔、1964年に解体され姿を消しましたが、隅田川沿いに〝お化け煙突《えんとつ》〟と呼ばれた発電所の煙突がありました。

ひし形に、4本の煙突が立っていました。見る位置によって、4本に見えたり、3本に見えたり、はたまた1本になったり、というので、「お化け煙突」といわれたのです。

このお化け煙突のように、ものごとは、見る位置、すなわち自分の立ち位置を変えることによって、見え方がまるで違います。

私は年を重ねるにしたがい、なにか情報がありますと、できるだけ固定観念を捨て、見る切り口をいろいろに変えて考えてみる、ということを、自分自身の頭の柔軟性を保つために意識してきました。これが、少しは博士号取得の役に立ったのかな、と思っています。

また、私の事業にダイレクトに関係する研究テーマを意識して設定しました。したがって、仕事＝研究といっても過言でないほどでした。

仕事のことは当然のことですが、寝ても覚めても考えています。それによって、仕事をしながら、そのまま復習になったり実験になったりの繰り返しができたのです。これならば、いくら年をとっても忘れようがありません。

さらに、山ほどの研究資料を雑然と放置するわけにはいきません。

パソコンでも紙ベースでも、徹底したファイリングを意識して整理することに心がけたことは当然のことです。

"How"と"Why"を検証していく

私の仕事は、経営コンサルタント。窮境状態にある中小企業の経営を再生させることです。いつも、この会社をよくするためにはどうしたらいいだろうか、何をやればよいだろうか、の繰り返しの毎日です。

ビジネスパーソンだったら誰もが、どうしたらもっと売れるようになるだろうかとか、もっと速くやるためにどうしたらいいだろうか、といつも考えていると思います。

そして、次に考えることは、なぜ売れないのだろう、なぜこんなに時間がかかるのだろうか、ということだと思います。

前者の〝どうしたらよいか〟というのは、英語で言うならば〝How〟でしょう。

一方、後者の〝なぜだろう〟というのは〝Why〟と言えましょうか。

日ごろ、私たちは仕事にせよ、生活にせよ、目の前にある課題を解決しようと思うと、〝どうしようか〟つまり〝How〟から始まり、あまり〝なぜ?〟つまり〝Why〟は考えないのではないでしょうか。

それは、多くの場合、たぶん〝なぜ?〟の部分は、頭の中ではっきりではありませんがわかっているからではないでしょうか。

私の仕事である経営コンサルタントの場合でも、基本的な財務分析や事業分析は事前に行っています(これを専門的には「財務デューデリジェンス」「事業デューデリジェンス」といいます)から、その分析や現場での状況を確認しながら、〝どうやってこの問題を解決しようか〟となります。

日常的な業務や生活の場合は、これでほとんど問題は解決できます。

ところが、もう少し複雑に込み入った場合には、〝How〟を導き出すためには〝Why〟

から入らないと解決までの道が開けてこないことがあります。

たとえば、赤字の会社があるとします。この会社を黒字転換することが目的ですから、当然最初はどうやって黒字にするか、つまり〝How〟から始まります。

でも、複雑な要因が考えられるケースの場合ですと、これだけでは黒字にするためにどういう手法を使えば最適なのかはわかりません。

そこで、次に考えることは、なぜこの会社は赤字なのだろうか、という〝Why〟が始まります。

そこで、分析しますと、どうも売上が停滞しているからだ、ということがわかります。

それでは、〝なぜ〟売上が停滞しているのだろうか、という疑問が湧き、その答えが主要顧客が自社への注文を減らしつつあるからだ、となります。

〝なぜ〟自社の取引が減少しているのか？　という理由は、競合他社が進出してきたから、と答えが出ました。

〝なぜ〟他社の進出を許したのか？　については、最近の自社の主力商品が顧客のニーズに合わなくなって指名買いがなくなってきたから。

〝なぜ〟最近の商品力が衰えてきたのか、については、もう10年も新しい商品が開発できていないから。〝なぜ〟なら商品開発戦略がぼやけているから。

このように、〝なぜ〟を繰り返して深掘りしていきますと、会社を黒字転換するキーポイントは自社の商品力を強化させること。そのために、顧客ニーズを徹底的に調査して商品開発戦略計画を策定し、新商品開発を積極的に推進すること、という再生のための主要施策が出てきます。

実は、学問の世界である博士論文では、原因と結果を論理的に結びつけることが求められます。つまり〝Why〟を使って何度も深掘りしていきませんと、真の因果関係が結びつかないのです。

私の論文では、検証すべき大仮説が3つあります。その仮説を検証するための少し小さな仮説が各30程度あります。そのために求めなければならない因果関係がそれぞれ5段階くらいの深掘りをしますので、全体の〝Why〟は500回近くの展開をしたことになります。

これを、私の頭の中で論理を追求するために因果のやり取りをするのですから、まるで脳みその中は〝因果のクモの巣〟のような状態になっていたと思います。

前出の志賀敏宏先生は、私が悩んでいるのを察して、ノーベル賞受賞者の本庶佑《ほんじょたすく》先生自筆の「何が知りたいか」というメッセージをくださいました。このメッセージは、いままでも私の机の横に掲示しております。

この因果のクモの巣の糸（論理）を証明するためには、統計を使います。

あまり聞きなれないと思いますが、回帰分析、分散分析や平均値の差の検定、パレート分析その他の統計的手法をもとにして、分析を行い、それぞれに有意差があるのか、ないのかを求めていきます。行った統計分析が2000を超えました。

毎日、夜中までこの分析をすること、この分析結果を論理の糸でつなぐことの繰り返し、というか積み重ねでした。

私は生まれて初めてですが、自分の脳がギシギシ、ギシギシときしむ音を聞きました。

それも何度もです。もちろん、これは本人だけが聞こえるのであって、妻といえども聞くことができません。慣れてきますと、このきしむ音を聞くことが快感になってきたくらいです。

4 挑戦を支えてくれた人たち

指導教授の技術的、精神的なサポート

高齢者といえども、肉体的にはもちろんのことですが、精神的にも落ち込むことがあります。

博士論文に挑戦している4年のあいだでも、恥ずかしいことですが、何度も「もうダメ

だ、もうやめた！」と思い、沈んでしまうことがありました。

博士課程の修業年限は標準で3年間とされています。

この3年のあいだに博士課程を修了するための単位を取り、博士論文のテーマを研究し、論文にまとめ、さらに審査に通らなければならないわけです。

したがって、3年で博士号を取得できる人は少ないのではないかと思っています。

博士号を取得するまでの大きな壁に前述の〝論文査読〟があります。これは、博士論文ではなくて、別のテーマで研究した論文を所属する学会に提出して評価を受けることをいいます。

前述しましたが、最初に出した論文の査読結果は見事に不合格の評価でした。つまり、その学会の学術誌に掲載発表できるレベルにない、ということです。

その不合格の理由が、いわゆる重箱の隅をつついたような指摘でした。というか、そのように受けとめてしまいました。

思わず、「これほど一生懸命書いたのに、本質ではない、こんなことが合否を決めるのか？　ふざけるな、こんなことやっていられるか！」と内心、叫んでしまいました。

私の事業再生の先駆者としてのプライドをズタズタにされてしまった、と思い込みました。

あとになって少しずつわかってきたのですが、博士論文というものは、本質はもとより大事だが、論文の書き方もろくに勉強していないようでは、博士論文自体を書き始める資格がない、ということなのでしょう。

よせばいいのに、この憤懣《ふんまん》を私の論文指導にあたっておられる多摩大学大学院の宇佐美洋教授と志賀敏宏教授にぶつけてしまいました。

両先生ともに、自分より年をくっている私の言い分を、頷きながら聞いてくださいました。たぶん、腹の中では「いい年して、我慢せい！」と思っておられたのではないでしょうか。

それでも、鬱憤《うっぷん》をぶちまけているうちにだんだんと落ち着いていくもので、なんとなく怒りも収まってきて、あとは恥ずかしさが残ったのを覚えております。

〝カウンセラーは聞き上手〟と言いますが、両先生は、一流の学者であるとともに、一流のカウンセラーだ、などと失礼ながら思いました。

2人の指導教授と二人三脚ならぬ三人四脚を組んで、博士論文のその前の査読のための論文もまとめていくのです。

論文執筆の区切りごとに、教授の時間をいただいて打ち合わせをしたり、メールでやり取りをしたりの繰り返しでした。

提出した論文原案は、真っ赤に添削されて戻ってきます。

この内容は、単に問題箇所を修正するだけでなく、このような論文や専門書を参考のために読んだらどうだろうか、というスキル的なものにとどまりません。

一流といわれている人物は、学者にせよ、経営者にせよ、高い理念を持って研究に取り組んだ、という学ぶ姿勢にまで至ります。

さらに、

「吉岡さんは実業で大変な成果を出しているのだから、この調子で論文を進めれば必ず博士号は取れます。でも、取れればいいのではなくて、これまでにないほどのレベルのものにしましょう。吉岡さんならできます！」

という主旨の激励もいただきました。

「はじめに」でも書きましたが、妻同様、先生方も私が〝ほめられると伸びる〟タイプだと見抜かれていたのでしょう。

このような、指導教授の技術的、精神的なサポートによって、博士論文というエベレストに登頂できたと思っています。

自分一人では続けられなかった

私は晴れて、博士論文を取得できたわけですが、これは私一人の力で成し遂げられたことは思っていません。

妻がいてくれたからこそ取得できた学位だと思っています。

思えば、博士論文の挑戦のみならず、結婚してから現在に至るまでのさまざまな場面で妻は私をずっと支えてくれました。

古い話になりますが、私は大学を卒業して日本ビクターに就職しました。28歳で歴代最年少の課長に抜擢《ばってき》されました。32歳のときに、当時の日本ビクターの社長から来年には部長にする、と直接言われました。そのまま勤務を続けていれば、将来の会社における地位や安定した生活は保証される立場だったと思います。

それを振り切って会社を辞め、独立する道を選んだのです。

普通の女性ならば、安定した将来を捨ててまでリスクの大きい独立をする夫に対して、必死になって「辞めるのをやめてくれ!」と止めるでしょう。実際、私の亡き母からは止められました。

ところが妻は、「一緒にがんばろう!」と言ってくれたのです。

その言葉があったから、私は思いきって独立し、起業することができました。

そして、その言葉通り、いつも一緒にがんばってくれました。

前述しましたが、行きがかり上でしたが、私が役員として指導していた上場会社が倒産し、そのあおりで私が創業した会社が破綻しました。

連帯保証をしていましたので、私の個人財産もすべて処分して債権者に弁済しました。まったく無一文となりました。

それにもかかわらず、妻は愚痴の一つも言わずに、次の人生のスタートを、やはり「一緒にがんばろうね！」と言って支えてくれたのです。まるで〝肝っ玉母さん〟そのものです。

そして、いよいよ博士論文への挑戦となりました。

まず初めに、論文取得のスケジュールはもとより、論文テーマの設定から構成まで妻に事細かく説明をしました。

もちろん、妻は一つひとつを理解できるわけではありません。しかし、真剣に聞いてくれる妻に説明することによって、私の頭の中が整理できていくのです。

通常の経営コンサルタント会社の経営と指導業務は、多忙を極めています。したがって、博士論文のための研究と執筆は、夜の夜中まで毎日続きました。

疲れてぼやけた頭の中で執筆した論文の原稿は、誤字脱字などのミスが花盛りです。それを、妻に渡して校正してもらいます。

また、文章の言いまわしがわかりにくいなどのチェックも黙々とやってくれました。私も論文執筆に熱中しましたが、その間、妻も一緒にがんばってくれたのです。

論文には、指導いただいた大学院や教授に対して感謝の言葉を書きます。さらに、支えてくれた妻や家族への感謝の気持ちを書きます。

しかし、私の論文には妻への感謝の気持ちは書いてありません。それは、この論文は私と妻が一緒につくった作品だと思っているからです。これまでの大きな岐路のときと同様に、妻は一緒にがんばってくれたのです。

彼女の支えがなければ、現在の私の事業も続けてこられなかったし、もちろん博士号の取得など、とんでもない話だったと思います。

私の博士論文のテーマは、まさにこれまでの事業に直結したものです。ということは、私の事業の最大の構成員である会社の社員たちです。

前述しましたように、私の企業再生手法はクライアント会社の経営の現場に介入して指導をするという独特のものです。したがって、私の会社の社員である経営コンサルタントは、この再生手法をマスターしなければなりません。

博士論文のもととなる資料はすべて私の会社のこれまでのクライアントの経営実績であり、経営者の意識そのものの評価です。その一社一社の実績の積み上げたものを分析したのです。

そのすべての指導実績から、サンプル企業を抽出し統計分析したのです。このような精密で高度な資料を私の経営コンサルタントたちが蓄積してくれたことが、博士論文のための研究の前提となったのです。

さらに、論文執筆の後段になりますと、私に毎週金曜日の一日をくれました。つまり、社員たちが自分たちのスケジュールを工夫して、私に論文執筆の時間を与えてくれました。それによって、土曜、日曜のほかに金曜日も丸一日論文執筆に充てることができたのです。

第3章

定年博士、どう貢献していくか

挑戦の結実を果たす！

わが国の最難関の資格といわれる、弁護士になるための司法試験の合格者は2012年2102人（日本弁護士連合会「弁護士白書2018版」より）でした。

弁護士の業務に関係する法律・経済・経営学等の博士取得者は、2012年1011人ですから、弁護士の48%という少なさです。ということは、法・経関係の博士号の保有者は弁護士の半分に満たないということです。この数字だけで比較してよいかどうかはわかりませんが、まあ相当の希少価値（?）と考えてもよいのではないでしょうか。

私が博士号に挑戦する前に、このことを知っていたら、こんな大望は抱かなかったかもしれません。しかも、喜寿での取得ですから、挑戦すること自体が「絶滅危惧種」に分類されてもおかしくありません。

そこで本章では、6年にわたる悪戦苦闘の結果、いざ博士号をいただいた喜びをかみしめながら、どのような点が評価され認められたのか、についてまとめてみたいと思います。

1 77歳で博士号を取得!

最後の関門、博士論文審査会

2019年2月3日、午後1時。

いよいよ博士論文の最終審査会開始です。

審査員には5名の教授があたります。なお、もちろん他大学院の教授が審査に加わる決まりになっています。

審査の始まる前に、初めてお会いする審査員の先生にご挨拶《あいさつ》がてら名刺交換をさせていただこうと、私の名刺を差し出しました。

ところが、先生は「客観的かつ公正に審査をするために、名刺交換はいたしません」と名刺を突き返されてしまいました。考えてみれば、至極もっともなことです。冷や汗ものでした。

ただし、審査結果が出た後ですが、「あのときは大変失礼いたしました」と、とても丁寧にお詫びを言われながら、改めて名刺交換をしました。審査のときの怖さに比べて、人が変わったような感じです。

審査は、この5名の審査員の教授を前にして、パワーポイントのスライドによって1時間ほど論文の主旨について発表します。もちろん、博士論文自体は事前に審査員に提出し、十分内容の確認はしていただいています。その後、私の発表に対して1時間半ほどの質疑応答が丁々発止と行われます。

MBA論文審査にしても、学会発表にしましても、発表時間より質疑応答時間のほうがこんなに長いなんてことはなかったと思います。このように質疑応答に十分の時間を取ることこそが博士論文審査たる所以《ゆえん》なのでしょうか。

私は、人前で話をしたり講演したりするのは、仕事柄当たり前ですので、かなり慣れていると思います。しかし、6年間にわたって研究し、論文にまとめた成果が、この一発の審査会で評価されるのかと思うと、やはりかなりの緊張です。

当然のことながら、審査会前日まで何日にもわたって自分ひとりでリハーサルを繰り返しました。と言っても1時間の発表ですから、1回のリハーサルは1時間以上かかります。リハーサルといっても、もともと発表するシナリオが決まっていて、それをうまく説明する、ということではありません。

リハーサルをしながら筋書きを整え、表現方法をいろいろ考え、スライドの構成も修正する必要があります。

書斎の扉を閉めてリハーサルをやっているのですが、ぶつぶつ言っている言葉が部屋の外にいる妻にも聞こえるのでしょう。たまに「今度はわかりやすくなったね」なんて彼女に言われると、心の中で「やったー!」と叫んだりしていました。男はいくつになっても単純なものです。

このようなリハーサルを、おおよそ20回くらいはやったでしょうか。あとは〝運を天に任せ〟一発勝負です。

極度の緊張の中で始まった論文最終審査会でした。

発表の後の審査員との質疑応答も、何を質問されたか、よく覚えていません。技術的な切り口からの質問やアドバイスがいろいろあったな、くらいしか記憶にないというのが本音です。

審査委員長から「ご苦労様でした」と言われ、事務局長より「終わりましたので、この後、審査会議をします。結果は後日お知らせしますのでお引き取りください」と促《うなが》され、そこでようやく、「やっと終わった！」と、いつもの呼吸が戻ってきました。

博士号取得が決まった瞬間

博士論文審査会から1週間後の2月9日に、大学院の教授会がありました。大学院の全教授が集まり、私の博士論文に対する審査委員会からの報告を受け、博士号を授与するかどうかを決定する会議です。

その教授会でどのようなやり取りがあったのか、当然のことですが私には知る由《よし》もありません。

結果について、合否いずれにせよ夕刻には連絡をいただけるだろう、と思って待機していました。4時を過ぎ、5時になっても、私のスマホは静かに沈黙を続けていました。

やがて、6時をまわった頃、スマホが音を立てました。

聞きなれた恩師の志賀敏宏教授の声です。

「吉岡さん。大学院の責任者の了承をいただきましたので連絡します。大学院として博士号を授与することに内定しました。おめでとうございます！あとは、事務局から連絡があると思いますが、博士論文の最終版を提出してください」

「やったー!!」

妻と一緒にバンザイをしながら、部屋の中をグルグルまわった、というのは覚えています。いまになって思うと、いい年をしていい加減にしたら、と思います。

「まだ、内定なのでご内聞《ないぶん》に」と言われていましたが、心の中で「志賀先生、息子だけには言わせてよ。すいません」。

すぐに妻が3人の息子夫婦たちに、博士号が内定したことを電話で伝えました。電話越しに「よかった、よかった」との声が聞こえてきます。

三男の嫁の薫チャンから、早速こんなメールが届きました。

「お父さん、お母さん、本当に博士号取得おめでとうございました。いままでの苦労や努力を考えると、メールを打ちながら涙が出るほど嬉しくなります。また、お祝いメールや講演依頼で忙しくなると思いますが、無理をしないで、これからも活き活きとしたお父さんのご活躍をお祈りいたします」

本当にかわいいことを言ってくれる娘です。

これまでの長い人生には、よいことも、悪いこともありました。悪いことのほうが圧倒的に多かったな、と思っています。こんなに心から嬉しいことは末の息子の結婚式以来のことだな、とその喜びをかみしめました。

やがて、大学院事務局から、

「このたび博士号の授与が内定しましたので、最終版の博士論文2部と必要書類を2月22日までに提出してください」との連絡が入りました。

指定の日に、指定の博士論文と関係書類を大事に抱え、大学院事務局をたずねました。

「ところで、正式決定はいつですか?」

と事務局長にききましたところ、

「いま、この最終論文の引き渡しをもって正式に決定したことになります」

とのこと。

何か儀式でもあるのかな、事務局員一同で拍手くらいはしてくれるかな、と少し期待をしていましたが、ほとんど素通り感が漂う正式決定の瞬間でした。

それから、おおよそ半月後の3月9日に大学院博士課程修了式がありました。同時に学位の授与式です。

修士修了時に経験しましたので、2度目となるアカデミック・ガウンを着衣して、寺島実郎学長から「経営情報学博士号を授与する」旨の学位記を賜《たまわ》り、これで博士号をいただいたことを世の中に言える立場となりました。

博士号登録番号「No.10」でした。

この授与式には、妻と息子たちの家族も参列してくれました。

息子たちの学校の卒業式には参加できませんでしたが、息子や孫たちに囲まれて博士号の学位記をいただいたことは、これまでにないくらい「幸せだな〜」と加山雄三ばりに鼻をなでたのでした。

多摩大学大学院 寺島実郎学長より博士号学位記の授与

〝やればできる〟ことの喜び

「為《な》せば成る、為さねば成らぬ何事も、成らぬは人の為さぬなりけり」との、九代目米沢藩主、上杉鷹山《ようざん》の名言があります。

これは「強い意志を持って行えば、どんなことでも実現できる。できないのは成し遂げる強い気持ちを持って実行しないからだ」という意味でしょう。

上杉鷹山は、このほかにも〝米百俵〟でも知られています。いつぞやの国会の所信表明演説で小泉純一郎総理大臣（当時）がこの話をしていました。

私自身が博士号に挑戦して、やっとの思いで取得できたのですが、合格の知らせをいただいたときに、まさにこの上杉鷹山の〝為せば成る〟の名言が頭をよぎりました。

実は、私の本当の姿は〝どうしようもなく意志の弱い男〟なのです。健康のために毎日ジョギングしようと決心しても、3日で終わってしまいます。日記を書くんだと決心しても、日記帳は3ページで終わります。典型的な三日坊主なのです。

そこで、自分自身のこの弱点をカバーし、決心を実行に移し、さらに継続して努力することによって夢を現実にするためにはひと工夫が必要でした。

その工夫とは、「博士号を取る」決意を、知人に吹聴《ふいちょう》して、それを実行しなければならないように、自分自身をがんじがらめにすることです。

息子たちにも宣言しました。孫にも同様です。「じぃじは口ばっかり、カッコ悪い」と私があの世に行っても孫たちに言われないように。

会社の幹部社員にも宣言しました。だから、皆で仕事をカバーしてほしいと頼みました。大学の同期生にも、異業種交流会ＢＮＩのメンバーにも公言しました。よって、これからのおつき合いはほどほどで勘弁してくれ、とも頼みました。

皆は「それはすごい、がんばってくれ！」とエールをくれました。内心は、「吉岡のヤツいつまで続くのかな？」と、疑問符をつけていたのではないかと思いますが、この仲間の存在もまた、私の大きな支えになりました。

これで、いくら意志薄弱な私でも、途中でやめたり、あきらめたりすることはできなくなりました（できなくした、というのが本音です）。

もし、この博士号取得宣言をしなければ、途中で挫折していたこと間違いなしです。何かに挑戦するときに〝うまくいったら話そう〟なんて、思ったら、気持ちが中途半端になり、成功はおぼつかなくなると思います。

自分を徹底的に追い込むことが、「為せば成る」に通ずることになるでしょう。こうやって得ることができた成果は、何よりも貴重なものだということを味わうことができました。

博士号授受記念講演「生涯現役をまっしぐら」

私が経営する未来事業株式会社では、中小企業の経営者や経営幹部、後継者などに参加していただいて、経営について勉強することを目的とした経営塾を毎月開催しています。「未来経営塾」という名前で、これまでに100回以上も実施しています。

参加者は首都圏を中心として日本中からいらっしゃいます。なかには神戸から毎月わざわざ上京して勉強されている経営者もいます。

第1部のテーマは、収益改善、売上倍増、ビジネスモデル変革、事業承継、社員教育から資金調達に至るまで、経営者の悩んでいる経営課題を中心に取り上げています。内容的には基礎的知識から解決のための実践的な手法にまで至ります。

私は、経営塾のメインテーマの概要について、できるだけわかりやすくお話しますし、ときどき特集を組んで2時間のワンマン講演を行います。

また、第2部では未来事業株式会社の専門コンサルタントが、さらにテーマを深く掘り下げて話します。参加される方々が、自

博士号授受記念講演会

分の会社で実践できるための具体的な手法にまで至ります。

また、講演会終了後、希望する参加者の経営相談に個別に対応して、社長の経営課題を解決するためのアドバイスまで盛り込んでおります。

私が博士号の学位記をいただいた翌月の2019年4月11日に、博士号授受記念講演をしました。タイトルは、「生涯現役をまっしぐら〝中小企業の成長に生涯を尽くしたい〟」でした。会場にあふれんばかりの皆様に参加いただきまして、山ほどのお祝いの花束をいただきました。

博士号をいただけたことのお礼に引き続いて、次のような点について講演を進めました。

① 人生100年時代を迎えて、実り多き盛年期を
② なぜ、この年齢で博士号取得に挑戦したか
③ 自分自身をもっと昇華させることがあってもよいのではないか
④ どのような研究が博士号に値すると評価されたのか

⑤　中小企業の経営の健全化に役立てるための取り組み

参加していただいている皆様のお顔を拝見しながら、皆さんお一人おひとりの支えがあって、このような結果を得られたという感謝の思いが改めてこみ上げてきました。

さらに、社会に対する本当の恩返しをしなければならない、と心に誓いました。

2　博士号で評価されること

死を宣告された会社を生き返らせる

少しばかり、専門的で難しい説明をしますが、しばらくおつき合いください。もし、あなたが中小企業の経営者や幹部でしたら、直面している問題かもしれません。

国税庁の発表によりますと、2017年度における普通法人（協同組合や公益法人を除いた法人）269万4000社のうち赤字決算だった法人は約168万7000社で、62・6％が赤字会社ということでした。つまり、中小企業3社のうち2社は赤字ということです。

さらに、中小企業を取り巻く経済、経営環境は、10年以上にわたって絶えず前期より悪い景況感が続いています。つまり、中小企業の景気は年ごとに厳しくなっているということです（中小企業基盤整備機構「中小企業景況調査」による）。

このように、中小企業の景況はまだ底入れをしておりませんし、大企業と中小企業は別物と考える必要があります。何だかんだ言ったところで、多くの大企業はたっぷりと利益を出し莫大な内部留保を蓄えています。

中小企業は、このように恵まれない景況の上に、人財的にも資金的にも、経営スキルの面からも大企業と比較にならないほど脆弱《ぜいじゃく》です。

それに加えて、中小企業に対する経営指導・支援する側にも問題があります。弁護士や税理士が、経営再生の指導にあたることがよくあります。

しかし、弁護士は法律の専門家であっても、経営の専門家ではありません。税理士も、税金の専門家であり財務諸表をつくることについてはプロですが、残念ながら経営についてはほとんど理解できていません。

これは、彼らの事業の目的が〝経営〟ではないから当たり前のことです。

多くの弁護士は、これは厳しいとなったら「破産しかないですね」と簡単に言います。

なぜなら、破産をさせますと、弁護士としてその手続き等で裁判所に出す予納金とほぼ同じくらいのフィーを受け取ることができるからです。

ほんの少しの手間で何十万、何百万というお金が弁護士の懐《ふところ》に入ります。

こんなうまい仕事はありません。したがって、破産する必要のないケースでも破産に導くことがあるのです。

知り合いの弁護士に、この話をしますと、彼らはニヤリと笑って、「実はそうです」と白状します。もちろん例外の弁護士もいます。

このお金は誰が払うのか？　といえば、それは当然のことですが、企業が払います。お金がなくて破産するのに、その破産するにも大金がいる現実を納得できますか？


経営コンサルタントの場合はどうでしょうか？

経営コンサルタントの場合は、ある程度、経営のことを勉強しています。

しかし、ほとんどの経営コンサルタントは、自分自身が経営そのものをしたことがありません。

前述しましたが、専門的に野球をしたことがない人が、いくら専門書を読んでもプロ野球のコーチをすることは無理でしょう。

同様に、経営コンサルタントも経営をしたことがありませんから、社長の心の中を、わが事として理解することは困難です。さらに、経営分析数字からの情報は理解できますから、表面上の問題点はわかりますが、それをどうやったら、本当によくなるのか、肝心《かんじん》の解決のための手法がわかりません。

したがって、根本的な対策がなされないまま、時は過ぎてゆき、やがて、企業としての死である倒産を宣告されることになるのです。

私の場合は、わが国に中小企業に対する再生コンサルタントという概念がなかった40年以上前から経営再生を指導支援してきましたので、1100社ほどの中小企業の再生に携《たずさ》わってきました。

その指導した企業も多くは、金融機関や税理士などから、再生指導を要請された破綻間近の窮境状態にある中小企業です。

このように再生指導した企業のうち、1～2年間で黒字転換したり、成長路線に乗ることができた、すなわち再生できた企業が800社くらい。それ以上の期間をかけましたが再生できた企業が200社くらい。残りの100社ほどが、残念ながら自主再生できずに法的再生や清算せざるを得なかった企業です。

自慢するわけではありませんが、ほかにこれほどの再生実績、再生確率を出している例はわが国ではないと思います。

そのような再生指導実績が誇れるのは、実はこの博士論文で研究した、再生に対する手法があるからだと思います。

「企業は経営者次第」を証明する

どうして博士論文の研究が実績の結果につながっているかについて、順を追って説明しましょう。

「中小企業は社長次第」というフレーズが、当たり前のように語られます。

また、金融機関も経営コンサルタントも識者も同様の発言をします。

それでは、なぜ中小企業は社長次第なのでしょうか。社長の経営者意識の何が問題で、それをどのようにすればよいのか、という分析は見かけません。当たり前すぎると思うのか、周囲もそれに甘えて、それ以上究明するための分析や思考もせず、それで済ませてしまっている面があります。

なぜ中小企業では大企業より社長が決め手なのか。その社長のどのような意識を、いかなる指導手法を使って変革させると、会社は再生に向かうことができるのか、という点を究明したのが、私の博士論文です。

大企業における社長は、会社の意思決定の責任者の立場ですが、いかにワンマン型社長といえども、取締役会などの議論や承認なしに決定し、実行に移行することは多くの場合難しいと言えます。

さらに、実行に移しても、成果が出なければ株主によって厳しい評価がなされます。また、社長の奔放《ほんぽう》で筋の通らない行為が発覚しますと、監査法人の厳しい目にさらされることになります。

大きな話題となった日産自動車の経営者が起こしたコンプライアンス問題なども、その例にあたります。

さらに、諸課題の解決にあたって、社長から実行部隊に対して直接に指示命令することも基本的にはあまりありません。

大企業は組織を大事にしますから、末端に対して直接指示を出すことは組織を飛び越すことになるからです。

一方、中小企業の社長の場合はどうでしょうか。

社長個人の意思決定は、ほぼその通りに会社の方針となり行動となります。思いつき的な事業や投資でも、社長の個人的な考えが通ってしまいます。

規模も小さいため、社長と末端社員との距離は大企業と比較して、はるかに短いと言えましょう。

社長のやる気は、そのまま社員に伝わります。社長の怠惰《たいだ》も、そのまま末端まで浸透し、それが社風となってしまいます。したがって、社長の持つ危機意識はそのまま社員に伝わり、それによって会社の実行力の向上へとつながります。その結果が、再生が実現できるか否かにかかってくることになります。

このように、中小企業の再生においては、社長の意思決定がそのまま会社の行動指針となります。それゆえ、何と言っても経営の中核を担う経営者、特に中小企業においては経営陣というよりも、社長の持つ危機意識を強化させることが第一です。

たまたま、いわゆる「儲かる仕事」が降ってくることがあります。

しかし、一時的に収益が改善しても、社長の本質的な意識変革、特に社長の持つ危機意識の強化なしには何をやっても先が続きませんし、積み上げができないのです。

前述のように、このままでは経営破綻を待つしかないほど、窮境状態にある中小企業の多くを救うことができたのは、まさしく経営の中核である社長の意識変革という急所にくさびを打ち込んだことによるのです。

このことが、私の博士論文を構成する幹となっているのです。

先行研究がない独創性の追求

博士論文の研究は、これまでにすでに発表されたり提案されている研究や理論と同じような内容では評価されません。それどころか、盗作の汚名を着せられてしまうことさえあります。このようなことになったら研究者としての命は絶たれることになります。

そこで、自分の研究に関連する先行研究がないかについて、学術論文や専門書、さらには、いわゆるビジネス書といわれるものに至るまで血眼《ちまなこ》になって徹底的に調べます。仮に、似たような研究がある場合には、その研究と自分の論文とどこがどのように異なるのかを明確にしなければなりません。

そして、その相違点について論文内にて説明する必要があります。

私の論文研究の目的から、次のような要件を備えた先行研究を調べました。

① 中小企業の経営再生のための論理的な展開ができている研究

② 社長の経営者意識、その中でも社長の持つ危機意識という内面的特性の評価を定量化し、分析している研究

③ 社長の経営に対する取り組みに関する情報や資料を、単にアンケートなど調査対象から申告を受けて収集するにとどまらず、社長や会社の実態を把握できる情報・資料が背景にある研究

④　課題の指摘をするだけではなく、どのようにして社長の意識や会社の行動を変革させるかにつながる研究

経営者を読者対象にした、社長の経営者意識を改善する必要性を説いている経営書は山ほどあります。

しかし、右の要件から考えると、社長がどのようにして経営者意識を改善し、その経営者意識が経営再生にいかに影響を及ぼすのか。それらの関係を論理的に分析し、根拠ある理論に基づいた先行研究はないのです。

また、私の研究目的に関連するかもしれない学術的な先行研究が200件くらいピックアップできました。そして、その内容について一件一件調査・検証しました。

それぞれについては、博士論文中にて私の研究論文の主旨との違いを証明しましたが、本書でその内容を具体的に説明するのは、本書の主旨と異なりますので省《はぶ》きます。

結果だけをまとめて申し上げますと、私の論文が目指すような経営者特性、なかでも社

長の持つ危機意識を定量的に把握した研究。効果的な施策によって収益改善につなげるための具体的手法を研究する先行研究は、まったく存在しませんでした。つまり、私のこの博士論文の研究は、この世でオンリーワンの独創的な存在であると証明できたのです。

3 持論から公論へ

博士論文で検証できたこと

さて、恐縮ですが、この項は少々専門的になります。私の博士論文取得を中心とした話の展開ですので、その核となる私の博士論文がどのようなものなのかについて書かないわけにはいきません。

経営やビジネスに直接携わっておられる方は〝なるほど、そうだよね〟と受け取っていただけるとありがたいです。

第2章で述べましたが、博士論文のタイトルは「経営介入指導による経営者意識強化と収益性改善に関する研究」です。

一言で申し上げるならば、「窮境状態にある企業に経営再生専門家が介入指導して、社長の経営に対する危機意識を強化する。これによって、会社の実行力が向上し、収益改善につながる」ことの証明です。つまり、次のようになります。

社長の危機意識強化
←会社の実行力向上
←収益改善

これらの関連性と効果的手法を、定量的に分析して証明することが研究の目的です。

さらに、これは、前述しました私の持論である「経営再生メカニズム」の背景となる論理づけを明確にすることでもあります。

この研究目的に向かうためには、まず「仮説」を設定して、その仮説一つひとつを分析して、それが正しいことを立証しなければなりません。これを「仮設の検証」といいます。

私の博士論文の仮説を次ページに示します。

これらの仮説の検証のためには、〝なぜなのか（Why）〟を繰り返し、明確に証明できる論理立てが必要です。

また、その証明のための武器として統計的手法を駆使した分析によって、その正しさを客観的に説明しなければならないのです。

このために、私は２０００を超す統計分析を行わなければならなかったのです。

［仮説の設定］

仮説1「再生専門家の介入指導を受けて、社長の持つ危機意識や会社の実行力は強化される」

この仮説については、危機意識と実行力を改善させる手法が異なる点があるために、おのおの検証する必要があり、検証①、検証②と分けて検証する。

検証①「介入指導を受けて社長の持つ危機意識は強化される」

検証②「介入指導を受けて会社の実行力は向上される」

仮説2「社長の持つ危機意識を強化すると、会社の実行力が向上する」

仮説3「会社の実行力が向上すると、収益力が改善する」

これにつけ加えて、私の博士論文で特徴的なことは、社長の〝危機意識〟とか、会社の

〝実行力〟などというような数値で表しづらい特性を客観的に定量値で捉《とら》えて評価するシステムを構築したことであります。

次ページに、社長の持つ危機意識の評価方法について表にして示します。評価者の主観によるバイアスを抑制するために「経営者特性評価基準書」に基づく5段階評価を実施します。社長が、自社の経営の現実を直視したときに、最も危機感を抱くのは、赤字決算になることと、資金繰りの目途が立たなくなることです。

そして、次のステップとして、この危機状態を解消するために収益計画や資金繰り計画を策定することにつながっていきます。

この観点から、社長の持つ危機意識を評価するには「経営状況の認識と解決方針について」と「資金繰り計画と金融機関対応について」をバロメーターにして評価します。

私の持論である経営再生メカニズムを解明することが、本研究の狙いであると申し上げました。そこで、想定した介入指導から収益力改善に至る再生メカニズムが実際に機能しているか、ということについて、152ページの表に示す通り、ステップごとの因果関係

◎「社長の持つ危機意識」評価基準書（抜粋）

危機意識		経営状況の認識と解決方針について	資金繰り計画と金融機関対応について
5点	明確に認識	●厳しい経営状況にあることを十分認識しており、早急に改善をしないと会社の存続はないことを理解している。社員たちにその状況と、この先の解決方針などを説明している。	●厳しい経営状況にあることを認識し、6か月、当期・中期の資金繰り計画をもとに、受注状況と照合しながら絶えず資金繰り予測を立て、メインバンクと密接に連携を取っている。
4点	かなり認識	●厳しい経営状況を認識しており、何とかしなければならないと思っているが、この先の解決方針などはまだ煮詰まっていないため、社員たちに説明しきれていない。	●6か月資金繰り計画をもとに翌月の資金繰りを確認しながら、金融機関と相談している。
3点	やや認識	●厳しい経営状況を認識しており、その解決のために何をすればよいのかを悩んでいるが、対策の検討は不十分。社員にも一部にしか伝えていない。	●目先の資金繰り計画はあるが、収支実績と予測の変動が大きく、金融機関に融資を依頼しているが、これを乗り越えたら大丈夫と認識している。
2点	あまり認識していない	●厳しい経営にあるのは言葉の上では理解しているが、以前もこのような事態があり、前回同様、何とかなるだろうと考えている。社員にこの状況を知られないようにしている。	●資金繰り計画はあるが、あまり見ていないで経理担当者から聞く程度。いざとなれば自分の資金で何とかなると思っている。
1点	認識していない	●厳しい経営にあるのは感じているが、その原因は経済環境の変化であって自分には責任はないと思っている。まるで他人の会社とでも思っているのでは？	●資金繰り計画すらないし、計画があってもほとんど見ようともしない。経理担当者任せになっている。

著者の論文より一部抜粋

があることが検証されたのです。

想定したすべてのステップにおいて、その因果関係に対する有意性が示唆《しさ》され、経営再生メカニズムが機能することを確認できたのです。

「メカニズムの検証」の各数値の意味は、かなり専門的になりますので説明は省きます。

なお、表のいちばん右に〝有意差〟とか、〝相関関係〟という欄がありますが、その中に〝有〟とか〝有意〟と記載されています。これは、〝それぞれの仮説が検証された〟ということを意味している統計的な専門用語です。

したがって、私の持論の経営再生メカニズムのすべてが、論理的に正しいということが証明されたことになります。

常識破りの企業再生手法の誕生

多くの経営再生コンサルタントは、経営再生について、財務諸表から分析した経営診断をもとにします。

◎経営再生メカニズムの検証

危機意識の再生前・後の平均値の差の検定

危機意識	平均値	分 散	平均値差	P	t	有意差
再生前	1.800	0.441	0.967	≦0.001	8.610	有
再生後	2.767	0.875				

↓

危機意識と実行力間の再生前・後の相関関係

危機意識－実行力	r	R^2	t	相関関係
再生前	0.286	0.082	1.579	—
再生後	0.866	0.750	9.164	有 意

↓

実行力の再生前・後の平均値の差の検定

実行力	平均値	分 散	平均値差	P	t	有意差
再生前	6.333	1.609	2.933	≦0.001	4.980	有
再生後	9.267	12.754				

↓

実行力と経常利益率間の再生前・後の相関関係

実行力－経営利益率	r	R^2	t	相関関係
再生前	0.294	0.086	1.628	—
再生後	0.812	0.659	7.362	有 意

↓

経常利益率の再生前・後の平均値の差の検定

経常利益率	平均値	分 散	平均値差	P	t	有意差
再生前	-3.857	67.779	3.170	0.022	2.114	有
再生後	-0.687	51.570				

そこまではいいのですが、「この点を改善しなさい」との指摘はしますが、「このように改善したらいいですよ」との具体的な指導はしません。というより、できないのです。

それは、コンサルタント自身が企業を経営した経験がないので、やむを得ないことですが、企業を経営分析という紙の上から眺めるにとどめ、企業の中に入っていくことはしません。

私の博士論文は、企業経営の中に直接介入して、再生指導をすることによって、社長の危機意識を強化させ、再生させるのです。これは、社長との共同作業になります。

今回の博士論文の研究によって、その介入指導の手法が論理的に正しい、と評価をされたのですから、常識破りの再生手法が認知されたといってもよいでしょう。

それでは、博士論文の主旨を踏まえて、どのようにして常識破りといわれる企業再生をしているのか、実際の事例を取り上げて説明しましょう。

この事例に取り上げた中小企業の社名を仮にB社、社長をB社長としましょう。

B社は関西に本社を置く製造業の工場です。

年商は約14億円、経常利益はマイナス1億5000万円で、経常利益率マイナス10％以上の赤字。莫大な債務超過であり、いつ倒産しても不思議ではないほどの惨憺《さんたん》たる有様でした。

メインバンクから、経営再生の要請を受けました。

そのときには、「ダメだと思うが、もしできることなら、ぜひ助けてやってもらいたい」という銀行のコメント付きでした。

初めて、B社に訪問し、打ち合わせのために社長室に入ったとき、広い社長室の真ん中にゴルフのパッティングマットが敷いてありました。訪問前にはパットの練習をしていたことがうかがえました。

視線を感じたのか、B社長は「自分はゴルフだけが趣味なので」と言い訳をしていました。

「現場には行かないのですか」との質問に対して、B社長は「自分は現場に行くことを他の役員から禁じられているから行けない」ということでした。これは何かあるな、と感じました。

「会社の厳しい現状を知っているのですか」の問いに対して、

「役員から試算表も見せてもらえないから、よく把握していない。でも、よくないことはおおよそわかっている」

という、異常な状態です。

このB社長が実際していることといえば、ゴルフと多くの名誉職の仕事です。

調べてみますと、この背景には、いわゆる経営陣のいざこざがありました。

B社長が病気で1年余ほど入院加療しているあいだに、ナンバー2の役員が、B社長を降ろし、自分が社長になることを考えたのです。

まずB社長に経営業務を一切させないことにして、社長にやる気をなくさせ、代表取締役を退任させる計画であることが、ナンバー2に対する直接調査によってわかりました。

そこで、B社長に、

「B社長が中心になって経営ができるようにしたら、本気で経営にあたりますか? そのためには、現在の名誉職をすべて退任しますか?」

とたずねましたところ、

「ぜひ、そうしてほしい。もちろん経営に専念する」

という答えが返ってきました。

本来の経営機能を構築すべく、銀行や関係先と困難な調整をし、ナンバー2を外して、B社長を中心とした経営機能にすることができました。

まず、浦島太郎状態の社長に、経営の現状を理解させることを第一に行いました。

初めのうちは、自分を取り巻く環境がガラリと変わるため、会社の現状に対する認識や判断に戸惑いが見受けられました。

私の独特の危機意識強化の手法によって、B社長の持つ危機意識は強化されました。

経営改革戦略計画書を策定。全社員を一堂に集めて経営計画発表会を開催し、B社長はこれまでの経営姿勢を全社員に詫びたのです。

社員たちも、B社長の真剣な謝罪と、これからの会社再建の方針に明るい表情に一変しました。最後には、社員たちが壇上に駆け上がって、B社長の胴上げが始まりました。B社長の目からも涙がこぼれていました。

それからのB社長は、アクションプランに基づいて、製造現場に毎日行くようになりました。社員たちとトラブル対策を議論し、山ほどの滞留在庫を圧縮、個別原価管理を徹底させるなど、収益改善を中心として会社の実行力を向上させることに真剣に注力したのです。

このように、社長の危機意識を強化させ、会社の実行力を向上させることにより、B社は介入指導開始2年後には、経常利益は当初より約2億円改善され、V字回復することができたのです。

このように、会社の外側から数字を眺めて指導するのではなく、経営の現場での介入指導により社長の持つ危機意識が強化され、会社の実行力が向上し、再生を実現した事例はほかにも多数あります。

こんな会社は再生できない

私の博士論文の主旨は、経営が窮境状態にあっても、社長の危機意識が強化されると再生することができる、というものです。

ということは、逆に考えますと、社長の危機意識が少しも強くならなかったら再生ができない、ということになります。

そこで、次に社長の危機意識がほとんど強化されないために、会社の実行力は向上せず、ついに破綻してしまった企業についての事例を述べてみましょう。

この中小企業の社名をC社、社長をC社長としましょう。

C社はC社長が40年前に創業し、人材派遣業を営んでいます。

一時期は時流と顧客に恵まれ、大きく成長しました。しかし、ここのところ最盛期の半分以下の売上規模に縮小してしまいました。過去の不良資産が蓄積され、時価純資産は大幅な債務超過状態、借入金が過多であるため、メインバンクから再生指導を要請されました。

C社を初めて訪問したとき、C社長は竹箒《たけぼうき》を持って事務所の周囲を掃除していました。清潔好きな社長なのかな、とその瞬間は受けとめました。

あとで、ナンバー2に確認したところ、

「社長はあまり会社には出てきません。来ても、掃除くらいしかやることがないんです。個人的にお金が必要なときだけ、会社に来て、お金を下ろして持っていくんですよ。社長業務を放棄《ほうき》しているようなものです」

と、社長の実態を説明してくれました。

そこで、C社長に対して、社長として経営機能を果たさせるために、経営の現状を繰り返し説明しました。

C社長はそのつど、

「よくわかりました。これからはがんばります。会社のお金を個人用に使いません」

と答えていました。しかし、その言葉は守られず、馬の耳に念仏、のれんに腕押しの状態が続きました。

そこでやむを得ず、私用に会社の資金を勝手に動かさないようにするために、私が銀行印を預かるようなことまでしました。さすがに、C社長も勝手に会社のお金を私用で使うことはできなくなりました。

しかし、そうなると一層、C社長の視線は社内でなく、社外の個人的関心に向いてしまい、会社の収益改善策を実行するには至りませんでした。

会社の運営については、これまでと変わらずナンバー2に任せきりが続きました。

やがて、会社の実務の中核であったナンバー2は、このC社長に絶望し、退職してしまいます。さらに、ナンバー2は、この退職の際、主要顧客や従業員も引き抜いて、同じ商圏内にC社のライバル企業となる自分の会社を起こしたのです。

そのときになって社長は慌《あわ》てまくりましたが、すべてはあとの祭りです。売上は急減し、さらに大幅赤字に転落。やがて、資金が枯渇《こかつ》し、国税庁や社会保険事務所から滞納のため差し押さえられ、自己破産の申し立てをせざるを得なくなりました。

この事例は、経営者の持つ経営に対する危機意識が強くならなければ会社は破綻するということを表している典型的な事例と思います。社長の危機意識の有無が会社の命運をこれほどまでに左右する、という私の理論が証明されてしまいました。

このように、私の論文の正しさが検証されたわけですが、実はこの事例は私にとって苦い思い出となっています。

C社長に対して、私の持っているノウハウを駆使して、危機意識を強める指導を実行しました。しかし結果的には、C社長においては、その指導の効果は見られなかった、ということです。

常識破りの再建請負人を自負する私としては、C社長に負けたことになります。

なぜ、負けたのでしょうか？

C社長の視線は社内でなく、社外の個人的関心に向いている、と前述しました。個人的関心とは何か？　といえば、それは彼の2人の愛人でした。

彼女たちに家を与え、生活をともにするためには、会社のお金が必要だったのでしょう。

C社長は私とあまり年齢が変わらないくらいなのですが、えらく精力的でビックリです。

私は、指導するにあたり、できる限り個人的なことには踏み込まないようにしています。

しかし、会社のお金をガードするために、正常な生活に戻ること、与えた家は売却して会社に返済することを指導しました。

ところが、C社長は相変わらず「わかりました」を繰り返すばかりで、彼の意識と行動がノーマルになる前に、ナンバー2の反乱が起きてしまいました。それによって、C社の収益が極度に悪化して、破綻という結果になってしまったのです。

こうなっても、最悪の状態にならないように指導するのが私の仕事です。今後さらに再生指導方法をレベルアップさせなければならないと、このときに改めて強く認識したのです。

博士号取得で変わっていくこと

博士号の授与については、文部科学省管轄の学校教育法の中の「博士の学位授与の要件」に定められています。博士号の授与については、当該大学院から文部省に報告されるとともに、世界中に告知、発表されます。

したがって、博士号はおおやけに認められた学位となります。

アメリカでは、「博士」は、将軍、教授と並んで、尊称として名前に冠されて呼ばれるそうです。ドイツでも、その地位は高く評価されます。けれども、日本では、博士号を取得したからといって、特別の扱いを世間から受けるということはないようです。

私はまだ新米博士ですので、博士号を取ったらその後どのようなメリットがあるか、という点については、よくわからないというのが実感です。

しかし、博士号を取れたから、本書を執筆することにつながった、ということは間違いありません。ですから、博士号の取得は実業務や実生活ですごいことだと思わなければいけないのかな、とも思っています。

世間がどうのというよりも、むしろ私自身の心の中の問題だと思います。

これまでに述べたように、実業の世界で超多忙に毎日を過ごしながら、論文を書く時間を絞り出し、固くなった頭を掻《か》きむしって、何とか思いを貫徹することができました。その達成感を味わうことができたのは、何よりも貴重な知的財産をいただいたからだと思います。

仕事上も、経営学博士（Ph.D.）の肩書きが、名刺にも講演テキストにも、毎週9万部発行しているビジネスメルマガにも、そして本書にも載ります。それをすることで、私は世の中に対して、いい加減な発言や行動をしてはいけないよ、と自分自身に言い聞かせているようなものです。

社会に対して、大きな責任を負わなければならない、と思っています。世界に通じる名誉ある知的なステイタスをいただいた、というのは、これからの私の発言や執筆、経営指導に対する言いようもないほどの責任を、背負ったということにもなるでしょう。

第4章

これからの人生、自分に何ができるか

まだまだ挑戦は終わらない

本書のタイトルを『定年博士』としたように、「定年」とか「定年時代」というワードを、これまでに何回も使って進めてきました。

そこで改めて、〝そもそも定年とは何か〟ということについて考えてみたいと思います。

東京大学大学院経済研究科の佐口和郎氏は、「定年制度とは何か」という論文で次のような主旨のことを述べています。

「戦前においては、限られたほんのわずかな範囲で定年制度があった。しかし、現在のように実質的に現業労働者を対象にした定年制度は、戦後驚くべき速さで普及し、1951年の段階で80％以上という調査結果がある。

戦争によって痛んだ企業の再建のための大量解雇の必要性に加えて労働組合が確立されていない混沌《こんとん》とした状況であり、労使協議もないままの企業にとって、最も摩擦の少ない、確実な雇用の調整手段として採用した背景があった」

一方、Ｗｉｋｉｐｅｄｉａの「定年」によれば、アメリカでは40歳以上の労働者に対する年齢を理由とした雇用関係、雇用条件、賃金、配置、役職などのあらゆる就職差別は連邦法によって禁じられています。軍人や警察官など、政府関係の現場職は例外的に認められているようです。

このように考えてみますと、本来は定年というものはないのが当然で、いわゆる定年制度は企業側が一方的に設定したものだといえます。

それを、労働者が既定事実としてやむなく、表現は悪いですが、唯々《いい》諾々《だくだく》として受け入れてきたのでしょう。

自分自身に対して「これまで十分働いた。これからは好きなことをやって楽しく余生を送ろう」的なことを言い聞かせてきた人も多いことと思います。

少なくても、現在働いている職場の定年制度があるのなら、それは現ビジネスでの一区切りとして受け入れても、自分の人生に対してまで定年を設定する必要はまったくないと思います。

100年時代を生きるとしますと、現在60歳の人は残り40年間、就寝時間も加味すると35万時間を生きていくことになります。これは、学校を卒業して就職してから60歳になるまでの40年間とほぼ同じ時間だといえます。

このように考えますと、この先の盛年期を余生と考え、どう過ごそうかなどと迷っている暇はありません。まだまだたくさんの夢を見て挑戦するに、余りある人生です。

私も、いわゆる定年を迎える年齢になって、改めてこの先の人生をもっと付加価値の高いものにしたい、と一念発起しました。その結果として、何とか博士号をいただくことができたのです。

そのような視点から、本章では、この先の人生を希望と夢をもって、どのように進んでいくかについて、私の体験も含めて考えてみたいと思います。

1 どんな失敗も無駄にはならない

「三ム」を徹底的にあぶり出す

経営の世界では、〝三ム排除〟が会社の収益を改善するためには欠かせません。

したがって経営コンサルタントは、その会社に潜んでいる〝三ム〟を徹底的にあぶり出して取り除くことを指導します。

この「三ム」とは、「ムダ」「ムラ」「ムリ」を指します。それぞれの頭の「ム」を取って「三ム」と呼んでいます。

特に筆頭の「ムダ」は、経営分析の結果からも、いつも会社の収益性を損なう大きな原因になっていることが目につきます。この「ムダ」は徹底的に排除しなければならないことは当然です。

一方、〝人生におけるムダ〟について考えてみましょう。たとえば、このような体験がありませんか？

□　病気をして1年療養した。そのために、せっかくの昇進を逃してしまった！
□　資格を取ろうとがんばったけれど落ちた。これまでの勉強はムダだった！
□　勤務している会社が倒産した。それまでのキャリアがムダになった！

いずれも残念な出来事です。そのことから復活するのに何年もかかったり、その先の人生の方向を変えざるを得なかったり……。それこそ〝取り返しのつかないほどのすごいムダをした〟という思いがつのり、将来に対して絶望感すら感じることもあるでしょう。

しかし、こうした修羅場も考え方ひとつで、その先の人生をより有意義にしてくれる肥やしにもすることができるのです。

たとえば、明日をも知れぬほどの大病をして昇進のチャンスを逃してしまった超大企業で勤務している友人がいます。それまでは持ち前の派手な性格で〝オレがオレが〟の目立ちたがり屋でした。上司から目をかけられ、昇進の可能性の話も出ていました。

ところが、つらかった闘病の経験から、これまで以上に自分の健康に留意するようになりました。それ以上に、この闘病生活のあいだに多くの人から精神的な面で支えられたことによって、人とのつながりがいかに大事かということを悟ったそうです。

それからは、自分中心の行動ではなく、仲間を支え、チームプレイを大事にするように変わっていきました。そんな彼の努力と姿勢は、上司から、それまで以上の評価を得て、やがて人事部長に昇進することができたのです。

大病の経験がなければ、おそらく彼は、昇進競争の途中で挫折していたことでしょう。

倒産による〝債権者巡礼の旅〟

「ムダ」の代表の一例として、多くの人がテレビドラマでしか見たことのないような修羅場を、現実に体験した私の事例を紹介しましょう。

本書の「はじめに」と第1章で少し触れましたが、私が関係する上場会社であるA社の倒産に直面しました。この破綻の概要はすでに述べましたので、ここでは、この破綻と再生までの試練が、その後の私の人生とビジネスにどのように影響を与えたかに絞ってお話ししていきましょう。

私はA社の経営再生を指導し、健全経営にした後、A社長からの要請で、同社の役員に就任しました。

金融ビッグバンで、数多くの金融機関の破綻が続いた頃ですが、A社は取引銀行による突然の強制回収のために、経営破綻しました。

債務は、約200億円にもなります。

破綻の原因は、わが国の金融政策の大きな変化と、それに対応できなかったA社の財務体質と、A社長の経営姿勢にありました。

当時はまだ民事再生法自体が存在しておりませんでしたので、やむなく「商法上の会社整理」という厳しい法律に委《ゆだ》ねるほかはありませんでした。これは債権者の100%の同意を必要とする再生法です。

A社の債権者は400社に及びました。この債権者全員が再建計画に同意をしてくれないと、破産しなければならない運命にあります。

そこで、この債権者個々を訪問して、お詫びして再建計画を説明し、納得していただくことが最大のポイントになります。肝心のA社長は姿を消してしまったため、私が陣頭に立って訪問したのです。

適切な言葉で表現できないほど、ギリギリの精神状態で行わなければならない任務です。私はお詫びのための債権者訪問を〝債権者巡礼の旅〟と呼んで、毎日毎日、その旅を続けることになりました。まさに、債権者一人ひとりを拝むような気持ちでした。

いざ債権者を訪問してみますと、厳しい発言をされても、私の話を聞いた上では「がんばってくださいよ」と、肩を叩いて、逆に励ましてくれることもありました。

一方、ある債権者には7時間監禁されました。1時間ほど大声で「だまされた」「俺の会社はこれで終わりだ！」などと叫び続け、やがて縄を持ってきたのです。

「この前、多摩で社長が3人、ホテルで一緒に首を吊って死んだろう。おまえも、この縄で首を吊って死ね！」

30分くらいして静かになったと思うと、また大声で叫び、縄を振りまわす。その繰り返しです。ひどいと思われるかもしれませんが、そのくらい、その方の会社は大変な影響を受けていたのでしょう。ようやく解き放たれたときには、もう真夜中になっていました。

生命保険の申込書を持ってきて、「ここにサインをしろ。知らないうちに、あんたは、この世にいなくなるようにするから」と言う債権者もいました。

さらには、「おまえの会社にはだまされた。ぶっ殺してやる！」と私の腹にナイフを突きつけて、暴れ始めた債権者もいました。このときばかりは、私も、「やれるものならやってみろ！」と啖呵《たんか》を切り、ナイフの切っ先にわが身を突き出しました。さすがに相手は震えだし、おとなしくなったので私は殺されないで済んだのでした。

このような〝債権者巡礼の旅〟を繰り返したことにより、100％近い債権者から再建計画の同意をいただき、再建を果たすことにつながりました。

私にとって、破綻から裁判所の認可までの2年、さらに健全な企業に向かうまでの期間は大変な修羅場でした。しかし、このときの体験により、債権者の気持ち、社員たちの思いに直接触れることができたのです。

このような経験は、他人から聞いたり、いくら本を読んだりしても、なかなか実感としてつかめるものではありません。伝聞では味わえない修羅場での現実を、私の心と肌で触れることができたのです。この経験が、その後の、経営コンサルタントとしての私の、独特な再生手法を生み出す源となったと思っています。

最悪の状態でも、それを梃子《てこ》にすることで、前進につなげることができる。何よりの貴重な事例となりました。

ゼロからの出発どころか、大変なマイナスからのスタートでも復活することへの執念と挑戦によって、夢を現実にすることができます。

ノーマルなスタートに立てる多くの中高年の方ならば、間違いなく、その先の人生に大きな花を咲かせることができると思います。

要は、自分がこの先、どのような付加価値のある人生を求めるのか。それを心に描くことが大事なのではないでしょうか。

2 新たなステージを切り開く

ジェロントロジー社会に対応する

最近、〝ジェロントロジー〟という、これまであまり耳にしなかった言葉を耳にされるようになってきたと思いませんか？

〝ジェロントロジー〟とは、朝日新聞出版の「知恵蔵」によりますと、

「人間の老化現象を生物学、医学、社会科学、心理学など多面的、総合的に研究する学問。老人を意味するギリシャ語のgeronから派生した、「老齢」の意の接頭辞geront(o)-に「学問・研究」の意の接尾辞-logyが連結した語。日本では研究の歴史が比較的浅いため、老人学・加齢学・老年学など様々な訳語が充てられている。（後略）」

と定義されています。

これを、多摩大学大学院学長の寺島実郎先生は、

「健全な高齢化社会を創造するためには、体系的な英知を結集する必要がある。今後、日本が目指す社会のあり方や、一人ひとりの生き方を再構築するために不可欠のアプローチとして社会工学という視野が重要であり、その意味でジェロントロジーとは〝高齢化社会工学〟と訳すべきである」

と、その著書『ジェロントロジー宣言』（ＮＨＫ出版新書）にて、さらに奥深い定義をしています。

また、同書の〝ジェロントロジー宣言〟において、

・「高齢化によって劣化する人間」という見方は共有しない。
・人間の知能の潜在能力は高い。
・心の底を見つめ、全体知に立ってこそ、美しい世界のあり方を見抜く力は進化しうる。
・「知の再武装」を志向する理由はここにある。

と提言しています。

まさに、人生100年時代を生きる私たちにとって、これからの生き方を考えるときに、このジェロントロジー宣言、その中でも特に「知の再武装」が私たち中高年層の心の支えになることでしょう。

80歳になっても自分らしく生きる

これまで、日本人の平均寿命は次ページの表に示すように、右肩上がりで延びています。厚労省資料によると、2018年では男性81・25歳、女性87・32歳ということです。世界に比較しますと、男性は香港、スイスについで第3位、女性は香港についで第2位と、トップレベルの長寿国といえます。

ところで、平均寿命とは、0歳の平均余命のことをいいます。つまり、2018年の男性の平均寿命81・25歳ということは、2018年に生まれた人の平均余命が81・25年あるということです。よくある間違いに、いま現在70歳の人があと11年しか生きられない

◎日本人の平均寿命の推移

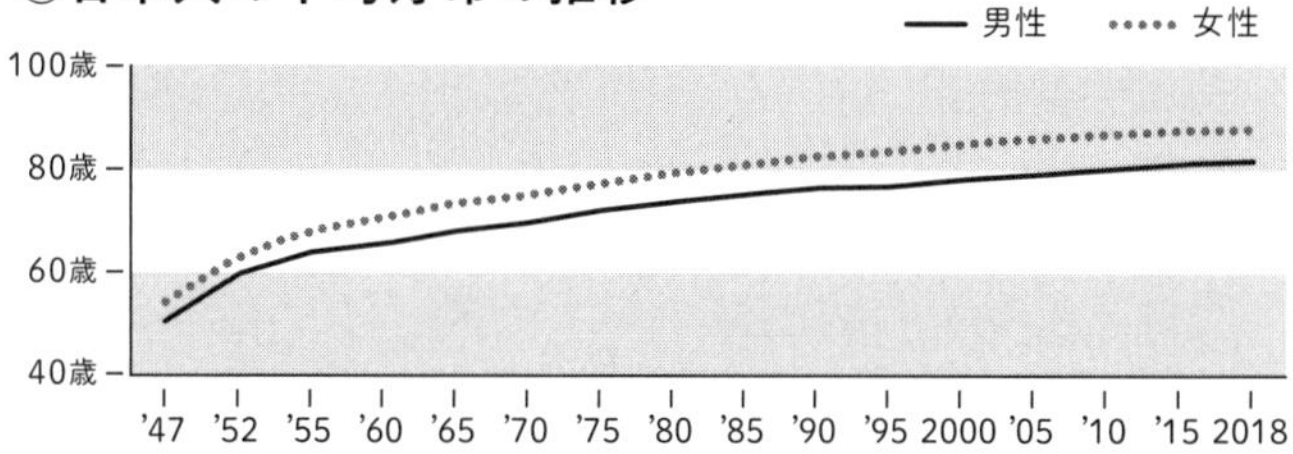

出典：厚生労働省「完全生命表」　ただし2018年は簡易生命表による

	男性	女性
1947年	50.06	53.96
1950-52年	59.57	62.97
1955年	63.60	67.75
1960年	65.32	70.19
1965年	67.74	72.92
1970年	69.31	74.66
1975年	71.73	76.89
1980年	73.35	78.76
1985年	74.78	80.48
1990年	75.92	81.90
1995年	76.38	82.85
2000年	77.72	84.60
2005年	78.56	85.52
2010年	79.55	86.30
2015年	80.75	86.99
2018年	81.25	87.32

厚労省「平成30年簡易生命表の概況」

◎80歳以上の人口推移実績と予測

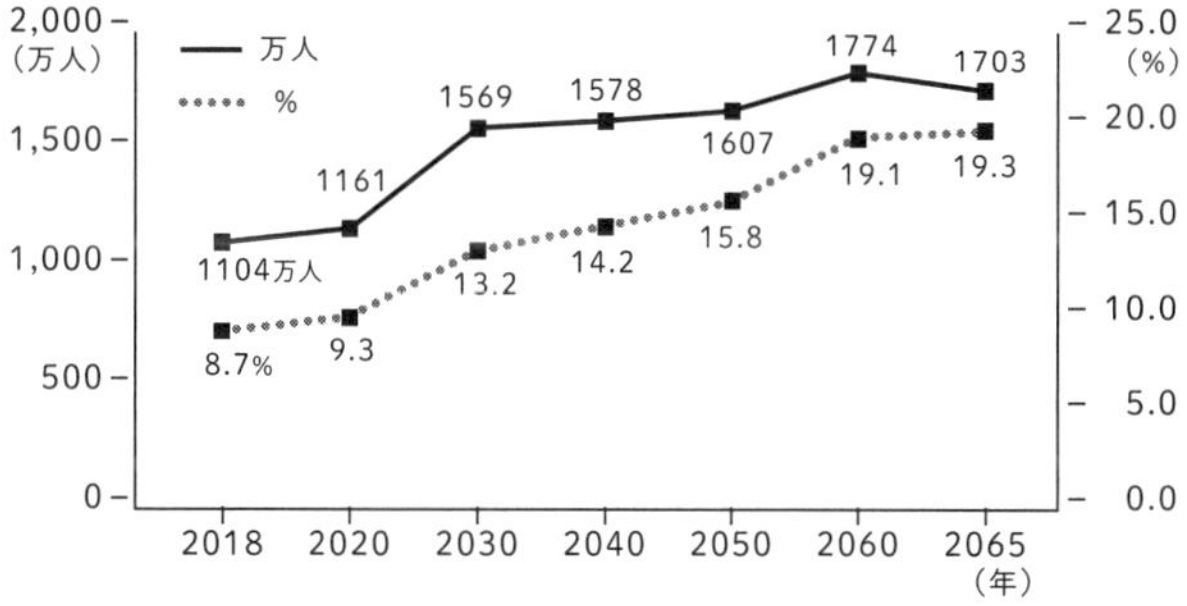

という誤解をする人がかなりおりますので念のため。

この平均寿命の表や世界でも長寿トップレベルであることについては、どなたでもこれまでに幾度も見たり聞いたりしていることでしょう。

しかし、ここでかなりビックリな統計があります。

それは、80歳以上の高齢者の人口が、2018年についに1000万人を超え1100万人になったということです（厚生労働省、平成28年簡易生命表による）。つまり日本人の10人に1人近くが80歳以上ということになります。

さらに、今後は総人口が減少するにもかかわらず80歳以上の人口は増え続け、2060年には1774万人と全人口の19・1％、つまり10人のうち2人が80歳以上の高齢者であると予測されています。

一家に1人ないし2人が80歳以上である、ということが当たり前になるでしょう。あまり好きな言葉ではありませんが、老老介護が現実的なものになってきました。

私たちは何歳まで生きるのか

前述の男性81・25歳、女性87・32歳という平均寿命はあくまでも2018年生まれの人の平均寿命です。ただし、統計上の平均寿命は死亡率の高い乳幼児も含めているのですから、いま生きている人の平均寿命ではないのですね。

1941年生まれの私の例を取りますと、当時はこのような平均寿命の資料の整備ができていなかったのでしょう。いくら探してもわかりません。そこで、その年代近くで統計のある1947年の男性の平均寿命50・06歳に置き換えて考えてみます。ということは、50歳でほぼ半数がこの世からいなくなるということでしょう。

しかし、私が卒業した大学のクラスは全員で70名おりましたが、2019年現在亡くなった方は19名で、全体の27％です。平均寿命から考えますと生存している人数が逆に19名程度になるはずです。

毎年クラス会を開くたびに、級友たちと顔を見合わせながら「みんな平均寿命に逆らってがんばっているよね！」とお互いの健闘（笑）を称え合っています。

平均寿命と実際寿命との違いは、この統計の算出時の予想を超すほど「がん」や「心疾患」「脳血管疾患」などの死亡率が下がったということになるのでしょう。つまり、医学の進歩、食生活の改善さらには健康意識の向上などが統計数値以上に長寿化を促しているのでしょう。

こうやって考えてみますと、いま元気に生活している私たちの多くが100歳くらいまで生きることになるということは、現実的なものとして受けとめられます。

ですから、「もう平均寿命を過ぎたから」とか「この先は仏さまからいただいた余生だ」などと考えるのは早すぎ、「まだまだこれからだ！」という時代になってきたのです。

「知的な好奇心」が脳力を高める

これまで、日本が急激に高齢化に向かっており、まさに「人生100年時代」の到来と

◎平均寿命と健康寿命の推移（男性）

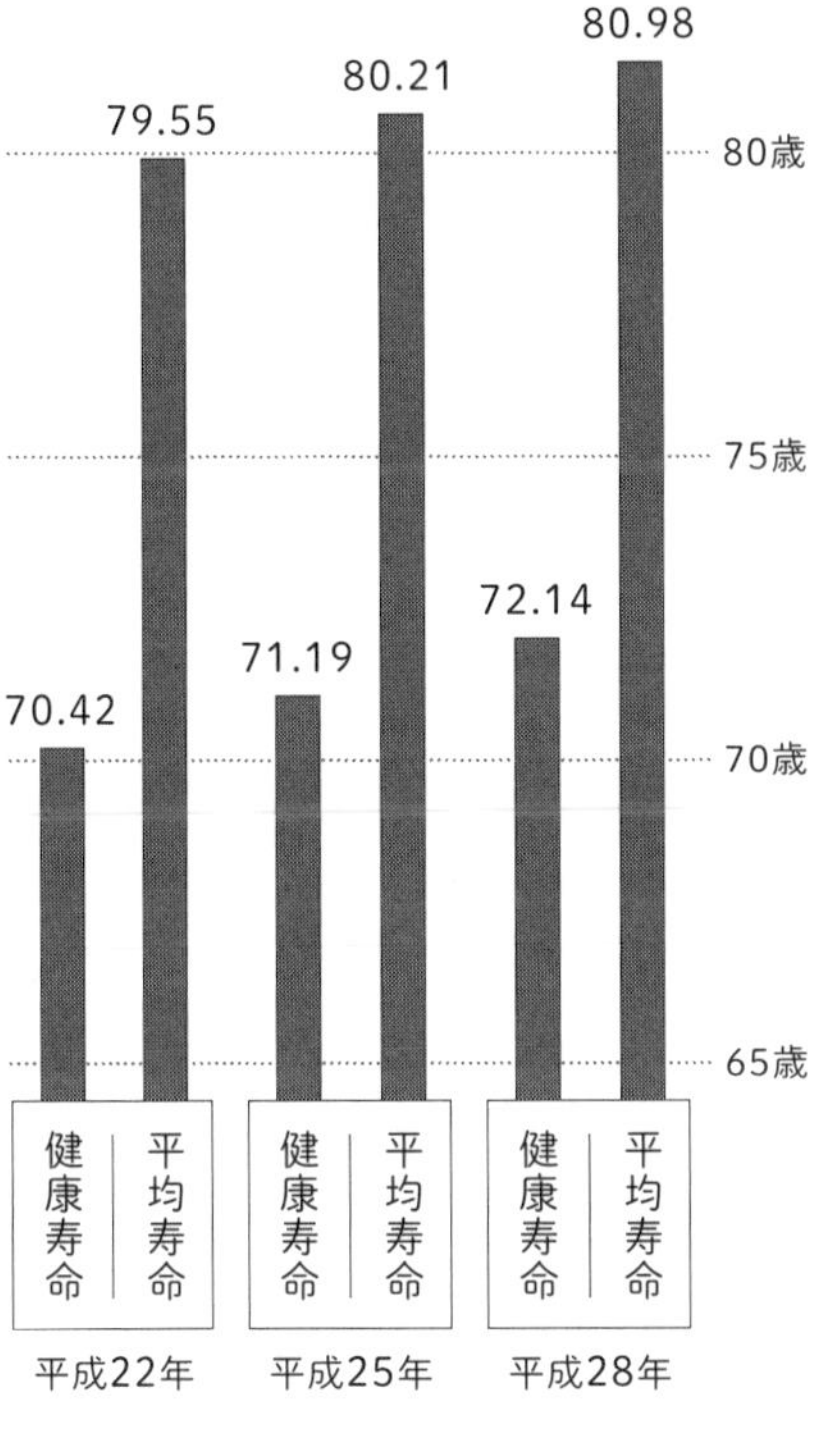

参考：厚生労働省ホームページ

いうことを説明してきました。

このように、平均寿命がドンドン伸びることはとても素晴らしいことです。しかし、それが単に寿命だけ長くなる、ということになると少々首を傾げる場面が出てきます。

前ページのグラフは、わが国の男性の平均寿命と健康寿命を比較したものです。平成28年度における健康寿命は72・14歳と平均寿命の80・98歳より8・84歳低いのです。つまり、この間は生活のために誰かに世話にならなければならないということです。

したがって、平均寿命よりも健康寿命に着目する必要があります。

健康寿命を延ばして平均寿命に近づける。

つまり誰かの手を借りなくても普通の生活ができる。

それは、「ＰＰＫ（ピンピンコロリ）」の心身になることが目指すところです。

ところで、私が現在経営再生を指導しているクライアントにも、経営者や幹部が高齢のため認知症になり、経営を維持するのも厳しくなっているケースが増えています。

「日本における認知症の人の将来推計」が厚生労働省から、次ページのグラフのように示

◎日本における認知症の人の将来推計

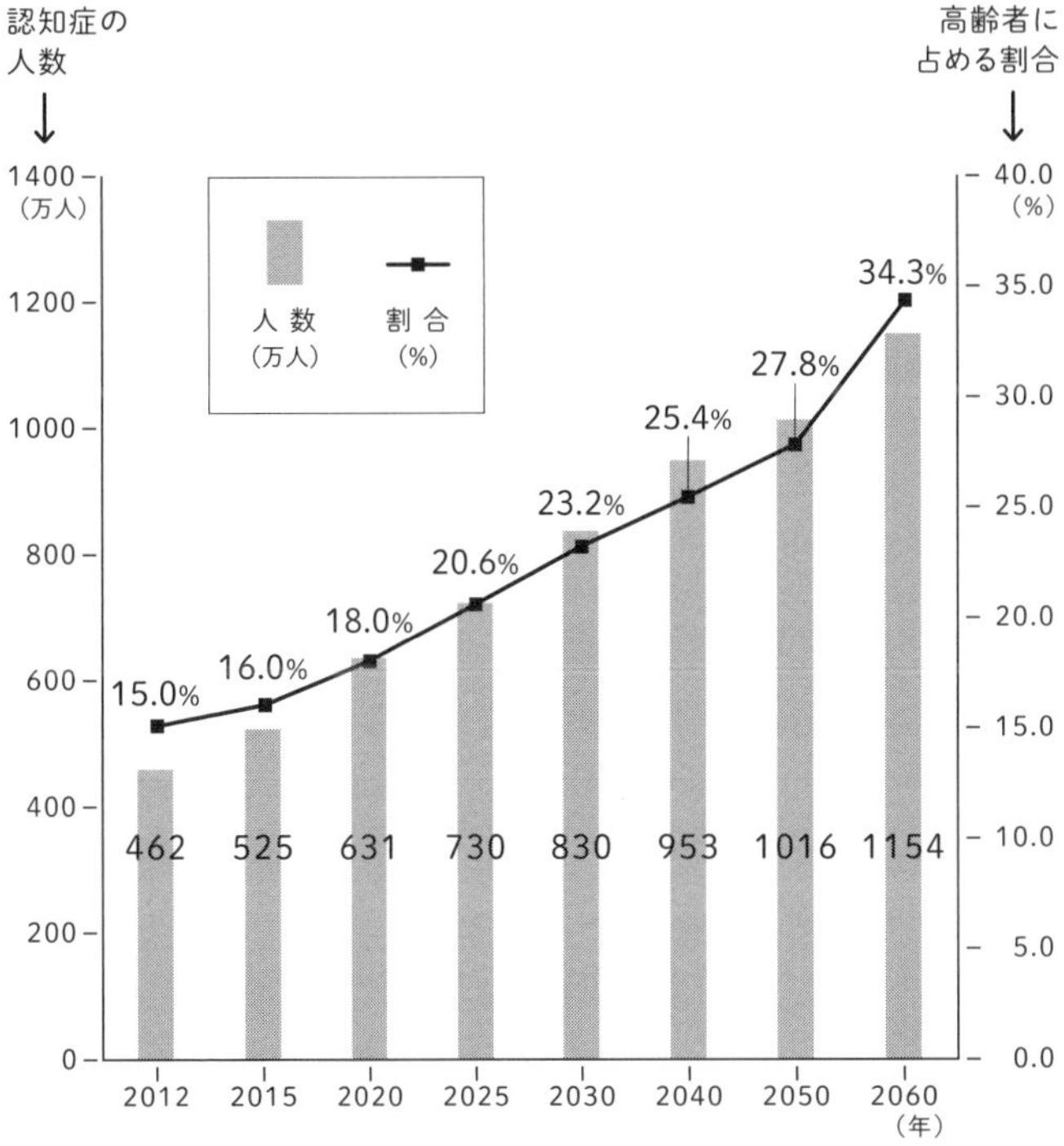

厚生労働省の資料より作成

されています。

この資料によりますと、２０１５年のわが国の認知症の人は５２５万人で、65歳以上の高齢者に占める割合は16・０％です。およそ65歳以上の人の、６人に１人が認知症ということになります。

日本生活習慣病予防協会は、認知症を予防するために、「知的な好奇心」が脳力を高める、とアドバイスしています。

そのレポートによれば、アメリカ・ラッシュ大学医療センターの研究チームが次のようなテスト結果を発表しています。

脳に刺激を与える活動は、
・読書をする
・音楽を聴く、演奏する
・書き物をする
・チェスのようなゲームをする

・劇場や美術館、博物館を訪問する
・子どもと遊ぶ

など、さまざまなものがあります。

特に人生の後半に「脳の訓練」を行う頻度の高かった人は、普通程度の人に比べて記憶力の低下は32％抑えられていた。一方で、ほとんど行わない人は普通程度の人に比べ、記憶力低下の速度は48％速くなっていた、ということです。

まさに、「知の再武装」こそが、これからの人生をより有意義にするための大きな武器となるのではないでしょうか。

話は変わりますが、一流の画家はとても長寿だそうです。

医師であり医学博士である霜田里絵氏が、その著書『一流の画家はなぜ長寿なのか』（サンマーク出版）で、次のように説明しています。

「人間の細胞の中に存在する〝テロメア〟が長寿のカギとなっている。生まれたときには約10000塩基対あったテロメアは65歳で約4800になる。テロメアは6000塩基対を下まわると染色体が不安定になり、２０００塩基対になると、それ以上細胞分裂ができなくなり『細胞老化』状態になる。

一流の画家たちの没年齢は、たとえばシャガール97歳、ピカソ91歳、梅原龍三郎97歳、東山魁夷90歳というように長寿をまっとうしている例が多い。さらに長寿であるということだけではなく、共通していることは晩年まで精力的に作品を描き続けていた。最後まで情熱的に創作という舞台で闘い抜いた『生』である。

長寿画家たちのテロメアも、何らかの理由によって長く温存され、その結果遺伝子が傷つく速度が遅かったと推察できる。

一流画家たちに〝定年〟はない。東山魁夷は61歳でドイツやオーストリアに旅し、その旅で描きためたスケッチをもとに洋式の建物や石造りの建物を日本画の技法で描く新しいチャレンジをした。さらに65歳になると、水墨画の世界に入った。さらなる精神的な成長への挑戦であった。」

「定年なんて意識しないからこそ大作が生まれた」「生きている限り創作を続ける精神」を私たちが長く元気に生き続けるヒントとすべきである、と霜田先生は喝破《かっぱ》していますが、まさに、私が本書で申し上げたい趣旨が、霜田医学博士により検証されたことになります。

3 志を一つにする仲間づくり

目的を共有できれば変化が起こる

令和元年の新語・流行語大賞は、「ＯＮＥ ＴＥＡＭ」でした。

私は、この毎年行われる新語・流行語大賞なるものにほとんど関心がありませんでした。というより、それこそ「流行を追っただけの中身のない薄っぺらなワードを選んでメディアがはしゃいでいる」と、逆に批判的でした。

ところが、「ONE TEAM」については拍手しました。まさに、あのラグビーワールドカップの日本代表チームである「BRAVE BLOSSOMS《ブレイブ・ブロッサムズ》（勇敢な桜戦士）」の狙うところでしたし、それを実現してくれました。

チーム全員が決勝リーグに残ることを全員の目標として共有し、そのもとに肉体を鍛え、チームでの役割をはっきりさせ試合に臨んだそうです。

しかも、メンバーの半分近くは日本生まれではなく、ヘッドコーチのジェイミー・ジョセフ氏はニュージーランド出身。どうして、これほどの多国籍チームが心を一つにして戦うことができたのでしょうか。と、〝にわかファン〟の私でも思います。

人を分類するときに、次の3方法があるそうです。

（1）「人種」で分ける。黄色人種とか白人とか……の分類です。

（2）「国籍」で分ける。日本人とかドイツ人とか……です。

（3）「民族」で分ける。文化や価値観や人生観などを共有できる人で分けることです。

このうち、人種と国籍は親代々受け継いだものであり、個人で変えようとしてもどうしようもありません。しかし、民族については文化や価値観、さらに目的をお互いに共有することができれば、いくらでも変化させることができるのです。

彼らは日本チームというより、〝日本民族チーム〟だったのが強さの基盤となったのでしょう。

チームの目的や価値観を一つにすることによって、持っている力を底上げすることができることの証明といえましょう。

私の場合も、自分一人、または自分の会社の力は本当に微力です。そこで、ブレイブ・ブロッサムズのように、志と価値観を共有できるチームづくりを、これまで以上に目指すようになりました。

つながりがビジネスの幅を広げる

第1章で、BNI（Business Network International）という異業種交流会についてお話ししました。週に一度、早朝4時に起きて定例会に参加します。そこで、お互いの人脈を通じてビジネスの幅を広げたり、実際に受発注につなげたりもします。

毎週、定例会に参加するためには、相当の労力と時間を使います。私のような高齢者は珍しい存在です。

そこで出会った若い会員からは、たくさんのエネルギーをもらいました。いまでも気持ちだけは若くいられるのは、ここでの交流のおかげとも思っています。

私は、あまりにも博士論文執筆を含めて多忙になりましたので、あとは私の会社の若いコンサルタントに引き継ぎ、2年ほど前に退会しました。

退会しましたので、少し縁遠くなるかな？　と思っていましたが、退会してもビジネスのつながりが一向に減らないのです。むしろ増えたといえるくらいです。

これは、私が在籍していたときから、いろいろとサポートをしていただいたディレクター（支部長に相当）の佐々木誠一氏との強いつながりがあるからでしょうか。私が毎月行っている中小企業経営者対象の勉強会、未来経営塾に退会後も欠かさず参加し、クライアント候補を紹介してくださいます。

そのおかげもあって、在籍時におつき合いした方はもとより、その後に入会した会員の方々との連携がドンドンできるのです。ＢＮＩの会員になるためには厳しい身元調査、会社調査に合格する必要がありますので、初対面の方でも信頼をベースにしてビジネスに入れることは大きなメリットと思います。

東北・仙台に東洋ワーク株式会社という会社があります。私は経営顧問として、20年近いおつき合いをしていただいております。

社長は社主である須佐尚康氏、仙台経済同友会の副代表幹事をされている地元産業界の名士です。後継者であり代表取締役である須佐彰典副社長は若い経営者で、私は自分の息子のように思って、おつき合いをさせていただいています。将来の東北の経済界を担っていかれることでしょう。

この東洋ワークが主宰して、宮城県企業人材支援協同組合（ＴＡＳＵＣＯ）を立ち上げました。地元の人材支援関係の企業全体の発展のために結成されたのですが、私も賛助会員としてそのメンバーに入っています。現在では、人材支援事業のほかにも多くの事業者が入会しています。

この会の世話役が東洋ワークですので、会員の中で、厳しい経営にある企業については、私が再生指導のお手伝いをさせていただけるようになりました。この再生支援活動を通じて、東北の中小企業の成長に寄与できるようになりたいと思っています。

また、東京・新宿に株式会社ディアロネットという会社があります。代表取締役は木村正彦氏で、ＷＥＢシステムのトータルサポート事業を中心として、さまざまな事業を展開しています。木村社長の事業に対する積極的姿勢と男気には驚かれます。

上場企業も含めて多くの企業を傘下に収め、グループ企業だけでも他分野にわたり数多くの特徴ある企業で構成されています。いま、世の中から注目されている熱い企業です。

このグループ企業の中の株式会社コネクションズが、その名の通り、企業間のコネクション活動を推進する業務にあたっています。その中心が井上幸治執行役員です。

私の会社の顧問先をサポートしている会社が、この株式会社コネクションズでした。その顧問先の経営指導を通じて、私は木村社長、井上執行役員と意気投合しました。井上役員は先が読め、緻密でありながら温かい人柄には引きつけられます。

前述した私の博士号授受記念講演会にも参加され、祝福していただきました。ディアロネットグループの理念は〝正義〟。まさに、私が求めるところと一致しています。

そこで、私どもは「企業提携に関する基本合意書」を交わし、相互に協力してお互いのビジネスモデルをさらに広げ、充実することができるようになったのです。

私が博士号取得にチャレンジをしているあいだに、金融機関との交流もさらに深まりました。やはり、博士号取得にかかわらず、何かにチャレンジすることによって、私の年齢になっても自分の視野や見識が広がるのだということを実感しています。

ジャッキアップさせていくチームの編成

世に経営コンサルタントの会社は数多く存在します。その多くは、コンサルティング・ファームという形をとっています。つまり、外部の税理士や中小企業診断士、個人の経営コンサルタントなどと業務契約をしています。

顧客に対しては、自社は営業窓口と全体のコントロールをすることに専念し、実際の顧問先に対する指導は、これらの外部専門家に委託します。わかりやすく言いますと、肝心の経営指導を外注に丸投げしていることになります。

一方、私のやり方は、顧問先の直接の経営指導は、私の会社の社員である経営コンサルタントが直接行うことを原則としています。それは、これまでにも説明しましたように、博士論文で証明しました、独特の着眼点や手法を駆使することが何よりも経営再生に効果を上げるからです。

しかし、経営再生を速めるためには、それぞれ効果的な施策を実行しなければなりません。その施策の内容は、それぞれの企業の業種によって異なります。そして、専門的な技術や経験や資格が必要となります。

そこで、私は外部に専門家と協力して、クライアントが実行するにあたって、代行したり、助言したりするチームを結成しています。このチームを〝ジャッキアップチーム〟と称しています。

自動車を持ち上げるジャッキを思い浮かべていただけるとわかりやすいのですが、自力だけではなかなか再生の急坂は登れません。さらに、債務超過というような泥沼に入ったときには、外部からジャッキで持ち上げてやらなければなりません。このジャッキの役目を果たすチームのことを言います。

このジャッキアップチームは、未来事業株式会社の経営コンサルタントが中心となり、たとえば弁護士、税理士、社会保険労務士、弁理士、司法書士、不動産鑑定士ほかの士業から、デザイナー、ファンド、人材紹介業、カウンセラー、キャリアコンサルタント、マーケティングリサーチ業、プレスリリース業、不動産業、建築士、IT専門家その他、数えきれない専門家から構成されています。

このチームの構成は、クライアントの成長、または再生のために解決すべき課題によって決まります。言い換えますと、解決すべき案件ごとに専門家を中心としたプロジェクトチームを編成し、ジャッキアップをしていきます。この、ジャッキアップチームが編成されますと、経営再生や成長がより一層早く進むことになるのは当然のことでしょう。

4 事業承継の受け皿をつくる

〝事業承継〟という社会問題

中小企業白書によると、わが国の開業は、直近6年間の年平均は約1万社、一方廃業は、その倍の約2万社程度を推移しています。また、倒産をした企業は帝国データバンク資料では2018年で約8000件といわれています。

ところが、会社を休廃業または解散をする企業は、2018年では年間2万3000社近くにも及びます。なんと倒産の2・9倍にもなるのです。さらに衝撃的なことは、この理由の多くは事業承継ができないため、ということです。

倒産企業とあわせると、1年で3万社もの生命の灯が消えるのです。

経営者の高齢化が進んでいて、今後10年間に70歳を超える中小企業の社長は、全国で245万人に達する見込みです。それらの中小企業の社長のうち、半分にあたる127万人も後継者が決まっていないため、事業を引き継げず廃業に追い込まれる企業が増えている、と日経新聞は伝えています。

では、なぜ、このように事業承継問題で会社の休廃業や解散が急激に増加しているのでしょうか?

その答えは次の2つです。

① 経営者が高齢化していること

中小企業の経営者の年齢は右肩上がりに高くなっています。

中小企業の社長の平均年齢は71歳。わが国の男性の健康寿命は72歳、健康寿命の余命は平均あと1年です。

② 後継ぎ候補がいないこと

以前はほぼ社長の〝息子が後継ぎ〟と決まっていたのですが、いまでは少子化の影響や人生の多様性もあり、なかなか思うようにいきません。

このように、中小企業の事業承継の基盤が厳しくなっているところに、実はもっと重要な課題が横たわっているのです。

日本政策金融公庫総合研究所の調査（2016年）によりますと、廃業する理由は、「事業に将来性がない」27・9％、「子どもに継ぐ意思がない」「子どもがいない」「適当な後継者が見つからない」という後継者側の問題が28・6%となっています。

さらに、38・2%を占める「自分の代でやめようと思っていた」経営者は、自社の事業の将来性に期待できなかったからでしょう。このように、事業の将来性が見出せない、つまり、自社の今後の成長と収益力に事業承継の最大の課題があることがわかります。

いま、M&Aの仲介事業は、仲介専門業者にとってぼろ儲けができる宝箱のような存在といえます。ちょうど不動産売買業者と同じように、M&A仲介専門業者を考えるとわかりやすいと思います。仲介業者は、企業を土地と同じように右から左へと転がして手数料を得るということです。しかも、その手数料は土地売買の何倍も取れます。私から見ると、〝ボッタクリビジネス〟のように思えます。

したがって、彼らは売買金額の大きいM&A案件に力を入れますから、残念ながら中小企業のケースはどうしても力が入りません。規模の大小にかかわらず、手間は同じくらいかかりますから、中小企業のM&A案件は本気になりません。

そこで私は、「ハッピーリタイア&バリューアップ手法」という独特の手法を構築しました。

不動産と違って、企業は生き物です。創業から社長と社員が一生懸命に築いてきた血と汗の結晶だと思います。それを不動産売買のように、右から左へ流すようなことをしてはならない、というのが私のM&Aに対する理念です。

そこで、売り手側か買い手側のどちらかは、私の経営顧問先であることを条件としています。将来にわたる信頼がベースだからです。

さらに「企業価値」を向上させるために、具体的かつ徹底的に支援をします。高い企業価値にすることにより、売り手はハッピーリタイアができますし、買い手も成長に拍車をかけることができるのです。

なお、具体的な手法は本書の主旨ではありませんので詳細には触れませんが、その狙いとするところは、次の事例で説明いたしましょう。

赤字続きの温泉旅館女将《おかみ》のハッピーリタイア

ここで、前述の考え方のもとに行った事業承継支援で、ハッピーリタイアをすることができた旅館の女将の事例を紹介しましょう。

東北の老舗のA温泉旅館の女将は70歳。親から継いだ2代目で、従業員の先頭に立って、ご来館をいただいたお客様の部屋にうかがい、ご挨拶を繰り返す毎日でした。忙しい毎日であればあるほど、女将はやりがいを感じていたのでした。

しかし、女将はここのところ、なにか心が重くなる日が続いていました。そして、こんなことを話してくれました。

「年齢のせいか、お客様の部屋にご挨拶にうかがうときに、正座したり立ち上がったりするときに、ひざの痛みがひどいんです。整形外科に通っていますが、一向によくなる気配がありません。いつまでからだがもつだろうか、という不安が日増しに強くなっています。

それで娘に、この旅館を継がせたいのですが、すでに嫁いだ娘は、手伝い程度はしてくれますが、あとを継ぐ気はない、と言うのです。

幹部に継いでもらえるといいのですが、借入金の保証人になるのは困るので、後継者になるのは勘弁してほしいと断られました。彼らの立場からすれば、もっともなことだと思うので、やはり頼めないなと……。

だったら、誰かこの旅館を買ってくれる人はいないだろうか、と銀行に相談しましたが、『オタクのいまの経営状態ですと赤字ですし、キャッシュフローが出ていないから、なかなか買い手を見つけるのは厳しいでしょう』と、積極的な支援はしてもらえそうもありません。それどころか、『このままいけば、大事な旅館もたたまなければならないかもしれないですよ』とまで銀行の担当者に言われてしまいました。

M&A専門業者に頼もうかと思って、大手M&A会社に会ってみましたが、自分の旅館を、単なる不動産売買のような感じで話されるのが、とても不愉快でした。その上、M&Aには、巨額の着手金が必要になることがわかって、二の足を踏む状態がしばらく続いています」

悩んだ末、女将は知人を通じて私の存在を知ったわけです。

私は、まず女将が安心してリタイアできるように、「旅館の企業価値を上げることから始めましょう」と申し上げました。

さらに、これまで、ご主人と死に別れ、長いあいだ、一人で老舗旅館を営んできた女将の努力に、さすがと思って、その労をいたわりました。すると女将は、私に心を開いて、今後の経営方針のすべてを委ねてくれることになりました。

① 赤字経営から黒字経営へ

私は早速、A温泉旅館のM&Aが円滑《えんかつ》に行われるために、収益改善に取り組みました。

A旅館の直近の年商は7億円、経常利益はマイナス5000万円、キャッシュフローはマイナス1000万円ほどで、資金繰りが厳しくなっています。純資産はマイナス4000万円と債務超過状態にありました。企業価値は当然ゼロでした。

そこで、まず収益改善のために、次のような対策を行いました。

・旅行会社と提携を深め、集客を従来の1・3倍に増やす
・集客のための目玉イベントの企画、特に地元の食材を中心としたメニューにする
・食事メニューの見直しで、原価率を20％合理化
・館内空きスペースに、そば処をオープンし間食や夜食に供する
・スタッフの育成による「おもてなし」のレベルアップ
・スタッフの業務の壁をなくし、全員がそれぞれの仕事をお互いに協力する体制づくりと従業員のモラルアップ教育

②　黒字化によるキャッシュフローの創出で、企業価値がマイナスから8億円に

その結果、収益は大幅に改善しました。1年後には経常利益は黒字に転換し、2年後には売上が11億円、経常利益は4000万円とV字回復しました。また、念願の企業価値もDCF法によると8億円にまで向上しました。

DCFとは「Discounted Cash Flow」の略で、「割引キャッシュフロー法」と表現され

る企業価値を算出するための手法の一つです。中小企業の企業価値算出は、この「DCF法」をよく用います。

③　信頼できる企業にM＆Aで旅館を譲渡

私の紹介で、信頼できる同業のホテル経営者に7億円で株式譲渡をすることができました。従業員も、これまでの条件で継続雇用できるようになったのです。肝心の女将も、その後2年間は相談役として残り、後継ぎ社長を指導・サポートする立場となりました。

これによって、女将は個人的な借入も精算し、約3億円を手元に残すことができました。おかげで女将は念願のハッピーリタイアができ、いまはときどき相談役として、生まれ変わった旅館に行って、アドバイスすることが生きがいとなっています。

5 再び、スタート地点に立つ

博士号取得者の役割と責任

さて、これまで博士号を取得するまでの思いやプロセス、悪戦苦闘の様子を中心にお話ししてきました。

第2章でMBAの修了式における謝礼のご挨拶で、「私にとっては、今日がスタートである」と申し上げたことを書きました。どこに向かってのスタートなのか――それは博士号を取得するためのスタートである、という意味でした。

ここで、その念願の博士号をいただき、ゴールのテープを切った、ということになりますが、それもまた、私にとっての中間点としてのゴールと思っています。

ということは、喜寿を過ぎた年齢で、再び、どこに向かって、何を得ようとしてスタートするのか、なのです。

60歳の定年年齢のときとはまた異なった、できれば、それ以上の付加価値を生むことができるものにするために、さらに濃密な時間を過ごしていかねばならないでしょう。

博士号という学位をいただけたのは、自己の夢をかなえた、というだけです。

せっかくの研究を、それだけで終わらせてはならないと思っています。

中小企業の成長・発展のために、具体的に役立てるようにする。

さらには、もっと社会に貢献できるように自分自身の内面を充実させる。

これが私の使命であり、学位取得者としての責任であると思っています。

まさに、「知の再武装」第2弾の始まりです。

新たな目標に向かって

今回の博士論文は〝経営者意識を強化することによって会社の収益力が向上する〟とい

う点についてスポットをあてました。

しかし、これは経営の一部分に過ぎません。

本来の経営の目的は〝会社を永続させることにより経営理念を実現させること〟にあると考えています。そのためには、何といっても会社の〝企業価値〟の向上を追求しなければなりません。それと同時に、第2章でも書いた通り、経営再生メカニズムの中の〝社長の危機意識強化〟から〝会社の収益力改善〟までの解明を行いました。

ここでもう一歩進んで、収益力改善以降のシステム、すなわち企業価値向上のための論理的究明を進める必要があります。

企業価値の向上を実現するためには、次の3戦略をそれぞれの範囲内の戦略にとどめるのではなく、有機的に相互を関係づけて進めることが必要になります。

①　会社の成長を続けていくためのビジネスモデルの変革を中心とした成長戦略
②　より収益を獲得するための収益戦略

③　経営のすべての面で基盤となる人財戦略

私のこれからの仕事におけるスタートは、このような中小企業の〝企業価値の向上〟のために役立つ論理的裏づけのもとに、実践的手法を構築することにあります。もうすでに、私の会社のビジネスモデルも、それに対応できるように進化させ始めています。

経営学博士号はすでにいただきましたので、企業価値の向上に関する論理的研究をしても再度経営学博士号をいただくわけにはいきません。

中小企業の経営者に対して、企業が成長し、企業価値を高めるための糧となる講演会を開いたり、本を出版したりしていきたい、日本経営学会でも再度研究発表をしたいと思っています。こうした目標に向かって、新たな知的欲求が私の胸の中でザワザワと騒ぎ出しています。

人間として充実するために

からだは食べたものからできている、とよくいわれます。栄養バランスの取れた食事によって、健康なからだがつくられます。食べ過ぎますと肥満になり、諸病気のもとをつくります。食べなかったり、偏食したりすると体力がなくなり、病気につながります。

人間にとって、こんなに大切なものはありません。余談になりますが、わが娘は管理栄養士ですので、家族一同、元気でエネルギーにあふれています。

もう一つ大事なことですが、心は学びによって育てられると思っています。学びは、学問だけに限らず、本を読む、演劇を見る、友人とコミュニケーションをはかる、旅行をして世の中を見る……いろいろなことが含まれます。

そうしたことを受動的ではなく、意思をもって能動的に行うと、より大きな学びになるのだと思います。そう考えて、この後の〝喜寿卒業者〟にふさわしい人間になれるよう、さらに〝学び〟を充実させていきます。

学ぶテーマは2つあります。

まず、近現代史を学びたいと思っています。明治維新後の近代化と太平洋戦争、そして戦後の復興についてです。

私は太平洋戦争開始直前に生を受け、中国から日本に引き揚げ、戦争による廃墟《はいきょ》の中で、食べるものもろくに食べられない少年時代を過ごしました。

学校は2部授業、先生は社会主義を叫んで、いつもデモに出ていました。たまの授業は、ほとんどが日本の悪口でした。現在でも一部にある嫌日主義の発生です。

「お米はからだに悪い、だから日本は負けたのだ」などということを、授業で生徒たちに教えていました。いまでは信じられないでしょうが、戦後には、それまでの教育が崩壊したような状況にあり、こうした極端な思想を持つ人が少なくありませんでした。

それほど、敗戦の傷跡は大きかったということではないかと思います。

小学校で私が最初に覚えた〝悪い人〟の名前は、東条英機でした。いまは国連占領軍の占領政策に利用されるほどの偉人だったのでは、と解釈していますが。

私の父は戦争時に中国で徴兵されました。相当苦労し、死と直面したのでしょう。晩年になっても、突然うなされて「敵が襲ってきた！」と飛び起きる姿を見ました。なぜ、わが国は戦争に至ってしまったのでしょう。こんな疑問に対して単発的に教えてくれる本はありますが、もっと、論理的に研究し、理解したいと思っています。

さらに、その後の日本の経済は、どのようにして復活し、急成長したのか。しかし、現在のわが国の経済成長は、なぜ先進国の中で最も低いのか。このままでは、やがて先進国からも落ちこぼれてしまうのではないか、との危機感を持っています。

戦争開始寸前に生まれ、悲惨な戦争、戦後の傷跡に巻き込まれ、そして成長の過程を生きてきた私としては、何としても、その〝なぜ〟をわが事として学びたいのです。自分の中の〝なぜ〟を、孫やその子たちに代表される若い世代に伝えていきたいと思います。

もう一つ学びたいことがあります。それは英会話です。

学生時代に横須賀基地に行って、アメリカ人の英会話を学んだこともありました。社会に出てからも、アフリカと南米以外は出張で飛びまわりました。その頃は、少しは話せたのかな、と思っています。

もっとも英語の読み書きは、博士論文を取るために必要ですので、ある程度できます。しかし、50代後半を過ぎた頃からは、日本語の専門家となってしまいました。テレビでも映画でも、英語がよく聞き取れず、字幕を頼りにしなければなりません。もっとも今では、日本語もよく聞き取れない年齢となってしまいましたが（笑）。

国連統計によりますと、世界の人口はおおよそ77億人だそうです。一方、わが国の人口は総務省統計によりますと、1億2600万人です。世界のたった1・6％に過ぎないのです。

いまや英語は世界の共通語、これをマスターせずにはいられない気持ちで一杯です。私が生きてきた日本をもっと知るためには、日本人とのみ接し、日本からだけの視線では狭い見方、偏った考え方しかできないのではないでしょうか。

グローバルに人と接し、海外からも日本を見ることができてこそ、前述の日本の現近代史の勉強も本物になっていくのだと思っています。

　こんな学びと学ぶ姿勢を私の孫たちや世の中の孫たちに伝えることができれば、この上ない意味のある人生を送れることになるのではないかと思うのです。

おわりに
弱くなる体力をカバーしながら、生涯現役を貫く

本書を執筆することを通じて、改めて自分自身の今と、これまで過ごしてきた日々を見直すことができました。

そこには、気が遠くなるほど、この先の人生が待ち受けているにもかかわらず、目先のことにむきになって挑戦をしてきた若き日の自分がいました。

やがて、ビジネスの世界で揉《も》まれながら、少しは世の中のことがわかったようなつもりになっていた盛年期の自分を見たのです。そのときになって、もっと先の自分を見つめ、意義のある生き方をしなければ、と発心《ほっしん》したわけです。

かつては、漠然と人生70年の感覚で、まだ〝１００年人生〟などということは、世の中

にも芥子粒《けしつぶ》ほどもありませんでした。

しかし、この先の価値ある人生をつくり上げるためには、いまの延長線上の目標ではなく、かなり高い目標を掲げて、それに向かってチャレンジすることだと思ったのです。

それが、本書のテーマである〝世の中でいわゆる定年の年齢になって博士号を取得する努力をするという定年博士〟につながりました。

ひとたび決心したからには、何が何でもやり遂げる。

そのために、自分に甘く、気持ちの弱い私自身の心が折れないように、自分自身との闘いだったと思います。

私の書斎の壁に貼った相田みつを氏の書が、いつも私の心が挫《くじ》けないように励ましてくれています。

「なまけると　こころがむなしい
一所懸命になると　自分の非力がよくわかる」

まさに、この書の通りであることを、この何年間もかみしめてきました。

昨年、妻と「加山雄三コンサートツアー2019」に行ってきました。会場3000席すべてが埋まっているほど大盛況でした。

そのとき加山さんは82歳で、腰を圧迫骨折していたそうなのですが、ギプスをしながら2時間以上にわたって、朗々とした歌声で聴かせてくれました。

最後の「人間はいくつになってもチャレンジすれば何事もできる。挑戦することに遅すぎるということはない！」というコメントに、「まったくその通りだ！　自分もまだこれからだ。そのエネルギー、ありがとう！」と、感動しました。

「思ったことが、すべて叶うわけではない。でも思わなければ、何も起きない」

この気持ちが、これから傘寿《さんじゅ》を迎える私を、さらに充実させてくれる源だと思っています。

弱い自分に打ち勝ち、年齢を重ねるごとに弱くなる体力をカバーしながら、知力はもっと強くなるよう、これからも生涯現役を貫いていこうと思います。

人の世の考え方や生き方は、100人いれば100通りです。どれが正しいということは決してありません。ご自身のこれからの将来設計のための、私のような生き方、考え方があることをご参考にしていただければ、この上ない幸せでございます。

私の、これまでの人生や仕事を支えてくださった皆様方すべてに、心から感謝を申し上げます。また、私の博士号取得に直接ご指導をいただきました多摩大学大学院の宇佐美洋教授、志賀敏宏教授、今泉忠教授、徳岡晃一郎教授、MBA論文のご指導をいただいた松本忠雄特任教授はじめ大学院の皆様に改めてお礼を申し上げます。さらに、本書の出版にあたり、ご推薦を賜りました多摩大学の寺島実郎学長に心から感謝申し上げます。

最後に、本書の執筆、出版では、株式会社きずな出版の岡村季子代表取締役専務、編集部の澤有一良様にご尽力いただきました。また、それは株式会社アップルシード・エージェンシーの鬼塚忠代表取締役、梁川憲太郎様のプロデュースのおかげで実現することができました。ひとかたならぬご指導をいただきまして、本当にありがとうございました。

吉岡憲章

●著者プロフィール

吉岡憲章（よしおか　けんしょう）

1941年生まれ。早稲田大学第一理工学部電気通信学科卒。2011年、70歳で多摩大学大学院に入学。2014年、73歳でMBA取得。2019年、77歳で多摩大学大学院経営情報学研究科博士課程後期修了。経営情報学博士号（Ph.D.）取得。

自らの体験に裏づけされた独特の改革手法により、1000社を超す中小企業の経営改革の実践的指導・支援を行い、数多くの企業を“1年間で赤字脱却・健全経営”へと導いており、“常識破りの再建請負人”と称されている。経営者、金融マン、税理士・コンサルタントなど専門家を対象にした講演会、セミナーは年間30回を超える。現職は未来事業株式会社代表取締役、日本経営学会会員、日本ドラッカー学会会員。

著書に『「会社が赤字!?」とわかったとき読む本』『社長の器』（PHP研究所）、『一年で儲かる会社にしようじゃないか！』（日本実業出版社）、『潰れない会社にするための12講座』（中公新書ラクレ）、『勝ち抜くための経費削減』（朝日新聞社）、『実名検証！ 小さな会社が成功する法』（廣済堂出版）、『何歳になっても仕事を続けるための35のヒント』（カンゼン）などがある。

著者エージェント　アップルシード・エージェンシー

定年博士《ていねんはくし》

生涯現役、挑戦をあきらめない生き方

2020年4月10日　初版第1刷発行

著　者　吉岡憲章

発行者　櫻井秀勳

発行所　きずな出版

東京都新宿区白銀町1-13　〒162-0816
電話 03-3260-0391
振替 00160-2-633551
http://www.kizuna-pub.jp/

ブックデザイン　福田和雄（FUKUDA DESIGN）

印刷・製本　モリモト印刷

ISBN978-4-86663-109-7

きずな出版